どうしたらいいかわからない君のための

人生の歩きかた図鑑

石井光太
Kota ISHII

日本実業出版社

はじめに

子どもたちはみんな、たくさんの問題をかかえて生きているよね。
不登校、まずしさ、家庭の問題、いじめ、性のなやみ、
病気や障害、非行、進路、人間関係、差別……。
そんな子どもは、社会のどこにも居場所がなかったり、
大きな問題を前にしたりして、
どうしたらいいかわからなくなってしまっている。

もし君が今、そう感じていたとしたら、
ものすごくさみしい思いをしているにちがいない。
――これから自分はどうなってしまうのだろうか。
――目の前にある問題を乗りこえることなんてできるのだろうか。
――二度と、ふつうの生活を送れないんじゃないか。
まわりには親や先生などおとなはたくさんいるけど、
なかなか気がついてくれない。
君もどう言葉にしていいかわからない。

だから、不安だけがふくらんでいく。

おとなは言う。

「こまったら、助けてほしいって言いなさい」


彼らがこう言う理由はあるんだ。

社会にとって子どもは何物にも代えがたい宝物だ。

日本にはその宝物を守るために、いろんな人、団体、法律がある。

どんななやみであっても、専門家が君を守るために待っていてくれるんだ。

でも、君はそういう人たちがどこにいるかわからないよね。

だれが何をしてくれるのか。

そもそもそこへ行ってどう話をしなければならないのか。

知らないことだらけだと思う。

この本は、そんなふうに思っている君のためのものだ。
だれがどこで君を助ける準備をしていて
そこにどうやって連絡をすればいいのか。
彼らの力を借りたら、君はどう変われるのか。

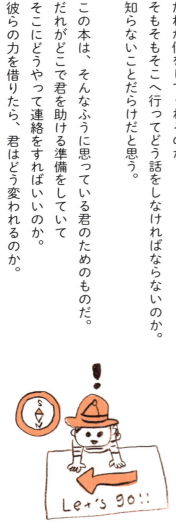

そのことを君に伝えたいんだ。
いじめでなやんでいるなら、いじめの問題を解決してくれる人たちがいる。
性でなやんでいるなら、性の問題を解決してくれる人たちがいる。
家庭のことでなやんでいるなら、家庭の問題を解決してくれる人たちがいる。

君が何カ月、何年となやんで解決できないことでも、
こういう人たちに助けてもらえば、たった数日で解決できることがある。
一本の電話、一通のメール、一度のＬＩＮＥのメッセージで、
すべてが解決して前に進めるのだとしたら、
君にとってすばらしいことじゃないだろうか。

相談にのってくれる人たちは、相談のプロだ。それを仕事としている。
だから、君からの連絡を、毎日首を長くして待っている。
君とつながることを、心から望んでいるんだ。
本の中には、僕の意見だけじゃなく、
実際に助けてくれる人たちのコメントも紹介している。
ページをめくっていけば、
どれだけたくさんの人たちが

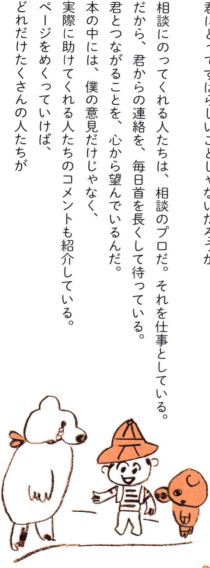

君のSOSを待っているかわかるだろう。
もしかしたら君は、おとなをあまり信用していないかもしれない。
でも、社会には、心から信頼できて、
何年間もずっと力になってくれる人はたくさんいるんだ。
僕はこの本を通して、そういう人たちを紹介したい。
そして君にそういう人たちの力を借りながら、
今の苦しい日々をぬけ出して、
かがやかしい未来へと羽ばたいてもらいたいと思っている。

この本は、君がすばらしい未来をつくる手伝いをしてくれる、
最高の人たちと出会うためのガイドブックなんだ。

二〇一九年五月　石井光太

この本の読み方

この本は、みんなのなやみを解決する方法を調べて紹介しているよ。私はガイドの聖子。この本をみんなといっしょに読んでいく案内人だよ。

“子どもの権利”って何？

自分のモヤモヤがなやみなのか、こまりごとなのか、なんなのかわからないこともあるよね。自分が悪い、自分が我慢すれば……と思う。そんなときは、子どもの権利条約を見てみよう。

1.生きる権利

すべての子どもは命が守られることが保障されるよ。

2.育つ権利

すべての子どもはもって生まれた能力を十分に伸ばして成長することが保障されるよ。

3.守られる権利

すべての子どもは暴力や搾取《さくしゅ》、有害な労働などから守られるよ。

4.参加する権利

すべての子どもは自由に意見を表したり、団体をつくったりできるよ。

たとえば、君が

「ごはんが食べられなかったり、暴力を受けたりして、生きていくのに安全じゃない」
「いじめや差別を受けていて、学校に行くのがつらい」
「いろいろな理由で学校に行けなくて勉強できない」
「思ったことを言うと怒られたり、無視されたりするから、自由に意見を言ったり、遊んだりできない」

という状況なら、４つの権利が満たされていないことになる。もしそうなら、それらはすべて、「こまったこと」や「なやみ」で、我慢する必要はないことだよ。

もっと知りたいなら、「子どもの権利条約」はここで読めるよ。
日本ユニセフ協会　子どもの権利条約特設サイト
https://www.unicef.or.jp/crc/

もくじ

子ども食堂はこんなところです（豊島子どもWAKUWAKUネットワーク　栗林知絵子）204
無料塾はこんなところ（中野よもぎ塾　大西桃子）208
奨学金の探しかた 214

② 非行・不良といわれる 215

ヤングテレホンコーナーに電話してみました！ 238
家に帰れない子どもたちへ　そしてこの本を手にするおとなたちへ
（女子高生サポートセンターColabo代表　仁藤夢乃）240
協力雇用主ってどんな仕事？（セリエコーポレーション代表　岡本昌宏）246

CHAPTER 5 「進路」のなやみ

進学 258

進路になやむ君たちへ（中学校・高校教諭　中村佐知衣）275
「好きなこと」を探しにいこう（ブックデザイナー　白畠かおり）283
どうしたらいいかわからなかった私から、どうしたらいいかわからない君へ
（編集者　山田聖子）287
この本を読んでくれた君へ 290

装丁・本文デザイン：白畠かおり
カバー・本文イラスト：まつおかたかこ

CHAPTER 1

「学校」のなやみ

たとえば友だちや先生との関係、
勉強がきらい、運動が苦手……いろんな理由で、
学校に行きたくないとき、あるよね？
学校に行きたくないときはどうすればいいんだろう？
学校に行けなかったら、ちゃんとしたおとなになれないのかな？
そんな不安について、いっしょに考えてみよう。

CHAPTER 1

1 不登校

学校に行けない、こわい、行きたくない

十三万人――。

これは、不登校の小中学生の数だ。中学校ならば、一クラスに一人、不登校の子がいることになる。それだけ多くの子どもたちが同じ苦しみをかかえているということなんだ。

不登校の子は、いろんな心配ごとをかかえている。

高校へ進学できないかもしれない。友だちが一生できないかもしれない。社会で働くことができないかもしれない……。

でも、そんなことはない。

不登校の生徒の八〇パーセント以上は、途中で学校へ行けるようになって高校へ進学しているし、この本で紹介するように**学校へ行かなくたって、いくらだって人生をきりひらいていく方法はある。**

芸能人、スポーツ選手、芸術家、社長、政治家など、有名になった人の中にも不登

校だった人はたくさんいる。

友だちだってムリヤリつくるものじゃない。人生は長い。たった数年間学校へ行かなくたって、いくらだって友だちを増やすことはできる。

こう考えてみてはどうかな。

不登校の期間は、君がいったん立ち止まって、これからの人生のことをしっかりと考え直すことができる時間だって。

人はずっと走り続けることはできない。どこかで立ち止まることが必要だ。

これは人生においても同じ。**一度立ち止まって、自分を見つめてみることは、きっといい結果をもたらしてくれる。**不登校というのは、そんな時間なんだ。

なやみごと

不登校になった人なら、こんな質問をされたことがあるにちがいない。

なんで、学校へ行きたくないの？

うまく答えられる人もいれば、そうではない人もいるはずだ。なぜなら、不登校に

はさまざまな理由があるからだ。

次ページのグラフを見てほしい。いじめや、進路の不安のほかにも、こんなにたくさんの原因があることがわかるよね。それだけいろんな理由で苦しんでいるということなんだ。


また、意外によく聞くのが、**「自分でも不登校の理由がわからない」**っていうもの。いくつもの原因がこんがらがってしまっていたり、なんとなく学校へ行くのがこわい、不安だ、その気にならない、という理由から休んでいたりするうちに、いつのまにか学校に行けなくなってしまう。

とはいえ、たったひとりでなやみ続けるのはたいへんだよね。

君がかかえている問題は、とても大きく重いはずだ。つぶされてしまうギリギリの状態かもしれない。

それなら、少しでもそれを軽くしてみないか。そうすれば、生きていることが、今よりずっと楽になるはずだから。

じゃあ、どうすればいいか。

ひとりで解決できないなら、力を貸してくれるおとなを見つけだして、相談をすることだ。

今からその方法を、君に伝えたいと思う。

学校に行かない・行けない理由

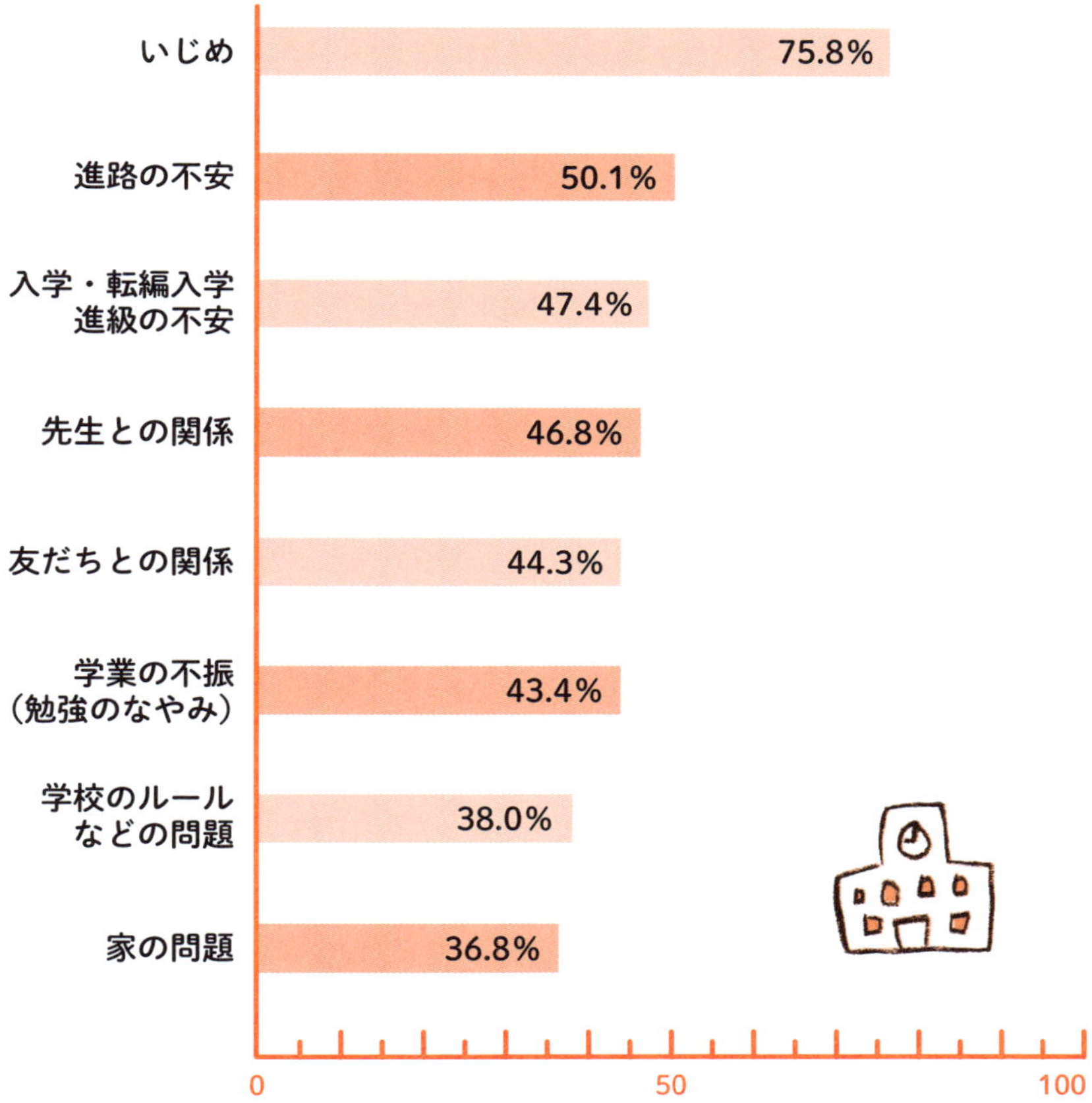

出所：平成 29 年度児童生徒の問題行動・不登校等生徒指導上の諸課題に関する調査結果について（文部科学省）
http://www.mext.go.jp/b_menu/houdou/30/10/__icsFiles/afieldfile/2018/10/25/1410392_2.pdf

親や学校への相談

君のまわりにいるおとなは、親や親せき、それに学校の先生だと思う。彼らは一番の理解者であり、相談をすれば真剣に話を聞いてくれるはずだ。

おおぜいの子どもたちが親や先生に助けられている。そういう意味では、まっさきに相談してみる相手だろう。

ふだんは口うるさくても、あんまり話を聞いてくれなくても、君が本気で話をすれば、できるかぎりのことをしてくれるはずだ。親は命をかけて君を産んで育ててくれているわけだし、先生は君を守るのがつとめだ。だれよりも親身になってくれる。

もし不安だったり、どう言っていいかわからないようなら、ヘタでもいいから、手紙にしてみてほしい。内容は次の四つを忘れずに。

①いつから、何に、こまっているのか
②それによって、今どんな状況にあるのか

・こまっていること
（いつから、何に？）

具体的じゃなくてもOK！ とにかく書き出そう。

・今、こうなっている

「ママ、パパには言ってほしくない」など、だれに言ってほしいか、言ってほしくないかを伝えるとベスト。

・どうしたい

③なぜ解決できないでいるのか
④これから、どうしてほしいのか

紙一枚でいい。これらを書いてわたせば、親や先生ならすぐに理解し、力になってくれるはずだ。

でも、残念ながら、親や先生の一部は、期待にこたえないかもしれない。あるいは、親や先生自身が君のなやみのもとだってことだってある。そういう場合は、なかなか親や先生には打ち明けにくいよね。

だからといってあきらめないでほしい。君のそばには、なやみごとを解決するプロがいる。それがスクールカウンセラーだ。

学校にはスクールカウンセラーのほか、スクールソーシャルワーカーと呼ばれる人がいる。

役割は少しずつちがうし、学校によってどちらがいるかもバラバラなんだけど、子どもたちのなやみごとを解決するプロという意味では同じだ。

ここではひとまず「スクールカウンセラー」とひとくくりにさせてもらうね。

もし君が親や先生に相談できなければ、このスクールカウンセラーをたよってみるといい。

スクールカウンセラーは君がこまっていることを知れば、学校や家などでじっくり

こまっていること

なやみを聞く

いっしょに考えてくれる

スクール
カウンセラー

1：1でとことん話を聞いて考えます。

いっしょに考え、必要なところを紹介してくれる

スクール
ソーシャルワーカー

解決のために何ができるか考えて、必要なところへつなぐよ。

POINT

スクールカウンセラーやスクールソーシャルワーカーが学校に常駐のところ、いくつかの学校を兼任していて、来てくれる曜日が決まっているところ、スクールアドバイザーという名前でひとまとめになっているところなど、自治体によっていろいろだよ。自分の学校や自治体のHPで調べてみよう。

と話を聞こうとするはずだ。君がのぞめば、一対一でもいいし、先生を入れても、親に来てもらってもいい。好きな形で話すことができる。

スクールカウンセラーは「心の専門家」だ。だから、君がどんなことでなやんでいて、それがどれだけプレッシャーやストレスになっていて、どうすれば解決できるかということがわかっている。

場合によっては、君を保護したり、病院を紹介することもできるし、同級生や親との間に入って君の味方について話し合いをしてくれたりする。

たとえば、こんな感じだ。

こう君の場合

こう君は、学校で太っていることとアトピー性皮ふ炎であることを理由にからかわれていた。お父さんもお母さんも仕事でいそがしくて相談にのってくれず、中学一年のときから学校に行かなくなった。

学校の先生が熱心に家庭訪問してくれたが、体型やアトピーが原因だとはずかしくて言えなかった。それで別の人に相談したいと言ったところ、スクールカウンセラーを紹介された。

スクールカウンセラーはこう君の話を聞いて、まず先生に不登校の原因を伝えた後、ほかの生徒たちにきちんと指導をするように言った。そしてスクールカウンセラーもくわわってクラス会議が開かれた。生徒たちは自分たちの言葉がいかにこう君を傷つけていたかを知った。

同時に、スクールカウンセラーは、こう君の親に対してきちんとアトピーの治療を受けるように言った。専門の病院を紹介し、少しでもよくなるよう手助けしたのだ。また、親がごはんをつくらず、甘いおかしばかり食べさせていたのが太った原因の一つだったので、食生活も見直してもらうようにした。

こう君はいきなりクラスメイトに会うのがこわいので、まず別室登校といって別の教室で勉強をすることにした。そしてだんだんとクラスに顔を出せるようになり、中学二年生になったころには、アトピーもよくなり、クラスで授業を受けることもできるようになった。こうして不登校の問題が解決した。

こんなふうに、スクールカウンセラーは、学校だけでなく、家庭の問題も解決してくれたり、君に病院を紹介してくれたりする。

何をどうすれば、君が一番楽になるかということをわかっていて手助けしてくれるんだ。

message 1
スクールソーシャルワーカー
S.Tさん（仮名）

スクールソーシャルワーカーから君たちへ

スクールソーシャルワーカーの主な仕事は、君たちがこまっていることを聞いて、それを解決するためにいっしょに考えてくれる人＝「子どもの味方」を増やしていくことです。たとえば、いじめを受けているなら、いじめられている本人に代わって先生に相談したり、まわりの子どもにも働きかけたりして、解決につながる道筋を整備します。

スクールカウンセラーの場合は、こまっている子ども本人の話をじっくり聞いて、その子どものなやみを受け止めます。おおまかに言うと、スクールソーシャルワーカーは子どもが生活しやすい環境を整える、スクールカウンセラーは一対一で子どもの心を支える、というちがいです。

スクールカウンセラーとスクールソーシャルワーカー、両方の役割の人が学校に必ずいるとは限りません。でも、多くの地域では、どちらかの役割の人が学校にいます。まずは自分が住んでいる地域、学校にそういう役割の人がいるかどうか、調べてみるといいでしょう。「スクールアドバイザー」という名前になっている地域もあるはずです。

調べてみて、そういう役割の人がいたら、なやみごとやこまりごと、モヤモヤすることがあったらなんでも相談してみてください。直接話しかけてもいいし、手紙をわたしてもいいし、担任や保健室の先生経由で伝えてもらってもいいでしょう。

「相談してはいけないこと」はありません。なんでも相談OKです。たとえば友だちとケンカして仲直りのしかたがわからない、勉強がわからない、学校に行きたくないというようななやみでも、親や先生とうまくいかない、親が家に帰ってこない、人に言えないこと（悪いことや、はずかしく思うこと）をしたでも、なんでもいいです。何を言ったとしても、僕たちは「話してくれてありがとう」と思います。

なやみやこまりごとを話してもらったら、スクールソーシャルワーカーは

①話はかならず聞いて、否定しません。秘密は守ります。
②どんな助けが必要で、何ができるかをいっしょに考えます。

③解決に向けてサポートします。

③解決へ向けてのサポートでは、たとえば君の思いや考えを伝える手助けをしたり、代わりに伝えたりします。話し合いの場を持ったり、自分たちだけや学校の中だけでの解決が難しいと思ったら、学校以外の場所で手助けしてくれる人のところにいっしょに行くこともできます。たとえば、ごはんが食べられなくてこまっていたら、その地域の子ども食堂を調べていっしょに行くなどです。

家の問題だったら、お父さんお母さんの話も聞いて、地域やまわりのおとなに働きかけます。家が汚くて落ち着かない、そういうなやみなら家の掃除をしてもらえるように環境を整えます。

「こまっていることがあるけど、お父さんやお母さんには言わないでほしい」と思うなら、そう伝えてくれれば絶対に言いません。僕たちには守秘義務という、聞いたことは秘密にして、そのことは守らなければならない決まりがあるからです。

「子どもの権利条約」（7ページ）に書かれている「権利」がおびやかされていると思ったら、君たち子どもは安心して僕たちに相談してください。

学校は便利なところです。ごはんが食べられて、勉強ができて、友だちがいて、おとなもたくさんいます。保健室で簡単な治療も受けられます。その学校の機能を使うか使わないか、自分で決めていいんです。「授業は受けていないけど、こまったことで相談したい」という使いかたでもいいんです。

まずはなんでも相談してください。相談してくれたら、僕たちはまず、君といっしょにどうすればいいか考えます。そして、少しでも君が笑顔ですごすことのできるように協力します。

NPOや自治体への相談

スクールカウンセラーに相談するのがイヤだという人もいるだろう。彼らも人間だからタイプはいろいろだ。どうしても気が合わなかったり、あまりいい思い出がなかったりすることだってあるかもしれない。

そんなときは、子どものための相談窓口を利用してもらいたい。ここにも、子どものなやみを解決するプロの人たちがいて、電話やメールで相談を受けてくれる。

ただ、こういう相談窓口に連絡をしたところで、どういう人たちが力になってくれるかわからないという不安もあるよね。でも、だいじょうぶ。

こうした相談窓口は大きく二つに分かれている。

①国や市町村といった自治体などがやっているところ。
②NPOといって民間の人たちがつくった団体がやっているところ。

①であれば、国や自治体などが子どもの問題にくわしい専門家をやとって、相談員となってもらっている。②は、NPOには子どもの問題に関心のあるおとなたちが集まっているので、そういう人たちが相談にのってくれている。どちらにしても、子どものことを親身になって考えてくれるおとなが対応してくれる。

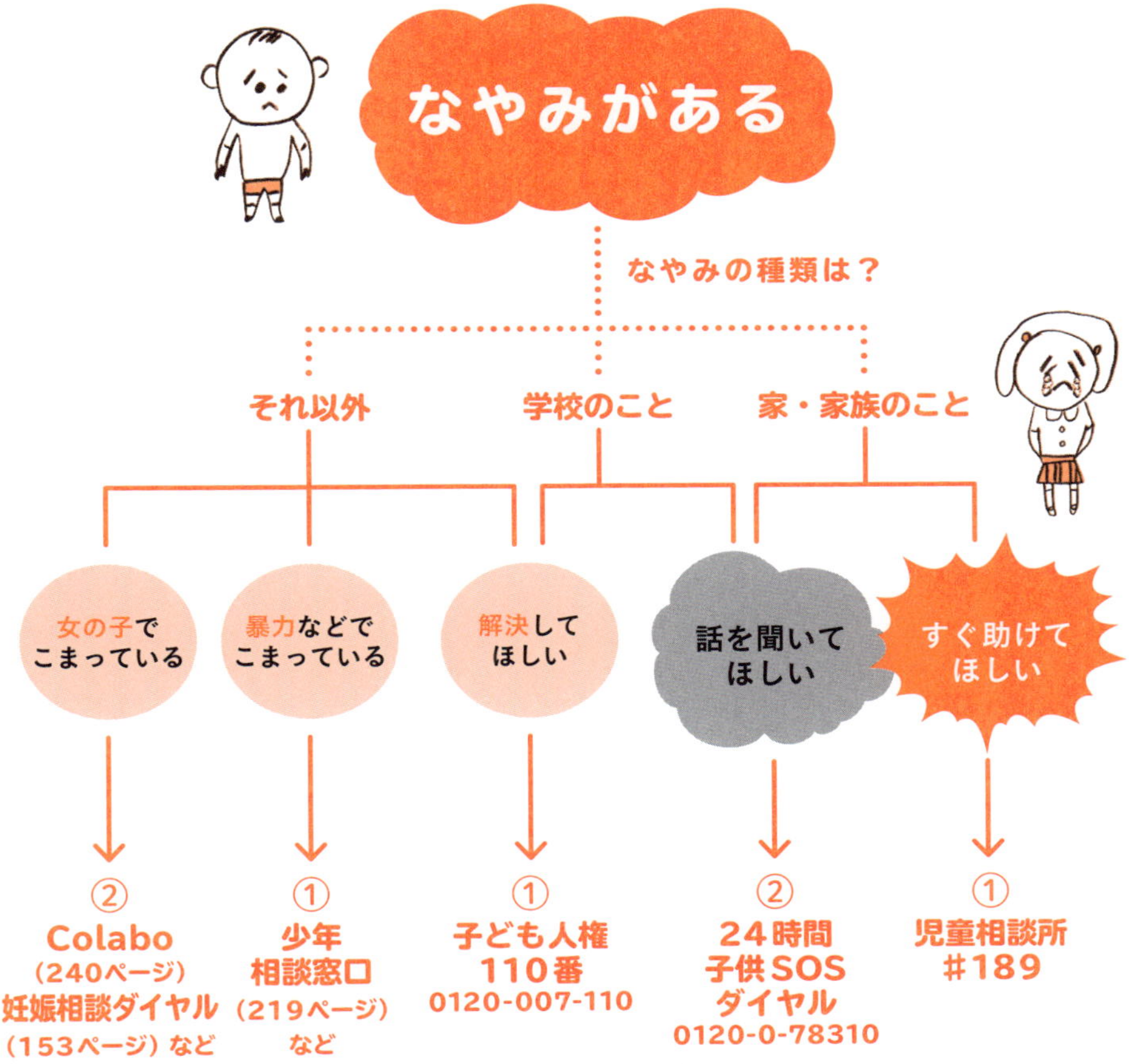

POINT

①は厚生労働省、法務省、警視庁など公的な機関の相談窓口、②はNPOなど民間の相談窓口だよ。公的か民間かであまり違いはないので、なやみがあってこまっていたり、もう死にたいと思うようなときは、とにかく電話をしてみよう。つながりにくい番号もあるので、一度であきらめずにかけ直してみてほしい。

前ページの図に記した電話番号は、各相談窓口の共通ダイヤルだ。

この番号にダイヤルすれば、君が住んでいる地域の相談窓口につながるようになっている。地元のことをよく知っている人が、君の相談にのってくれるんだ。

こうした窓口に相談したらどうなるのだろう。

担当者は君の話をしっかりと聞いて、こうすれば解決すると教えてくれるだろう。もし君がひとりで解決できないと考えたならば、君の学校に連絡をして代わりに問題を説明してくれたり、場合によっては君に会いにきてくれて、直接解決に向けて動いてくれたりすることもある。

たとえば、こんなふうにだ。

まきさんの場合

まきさんは中学二年生のときに親が離婚したのと、部活の先輩とうまくいかなくなったのとが原因で、学校を休みがちになってしまった。受験まであと一年とせまっていたので、勉強しなければならないことはわかっていたけど、だれにも相談することができなかった。

親に対して離婚が原因とは言えなかったし、担任の先生は部活の顧問だったので先輩の悪口は言えない。スクールカウンセラーとは仲がいいわけではなく、どう話していいのかわからなかった。

そんなとき、まきさんはたまたまインターネットで不登校の相談窓口があることを知り、メールをしてみた。事情を説明すると、相談員はこう言った。

「君のなやみはわかりました。まず市のほうから学校に事情を説明して、きちんと解決できるようにしますね」

相談員は学校の先生に連絡し、まきさんに代わって部活の先輩のことを話してくれた。担任の先生ははじめて本当のことを知り、先輩や部活のメンバーにそれを伝え、まきさんが楽しく部活に出てこられる環境をつくることにした。

一方、家庭のことについては、スクールカウンセラーが対応してくれた。親に会って離婚後の家庭のあり方について話し合いをしてくれたのだ。そして傷ついているまきさんをどう支えていくかを考えた。親は自分のことでせいいっぱいで、まきさんに目が届いていなかったと反省した。

こうしてまきさんは先生、スクールカウンセラー、親のサポートを受けながら少しずつ学校へ行けるようになった。

このように、親や学校の人たちに相談できなかった場合、学校の外にある相談窓口に電話をして力を借りるというのも一つの手だ。この相談窓口は、それぞれちょっとずつ役割がちがうので、27ページを参考にしてほしい。

また、電話だけでなく、相談窓口によってはメールやSNSなどで相談を受け付けているところもある。しゃべるのは苦手だという人は、こうした方法で相談してみてもいいと思う。

それぞれの検索方法は次のとおりだ。

メールで相談

インターネットで「いじめ　相談　メール」「不登校　相談　メール」と検索してみよう。いくつもの窓口が出てくるので、その中から自分に合っていると思うところを選んでみるといい。

SNSで相談

自治体やNPOがLINEなどで相談にのってくれている。ここでは二つ紹介しよう。

生きづらびっと

相談ほっとLINE@東京

ほかにもＬＩＮＥの検索窓に「なやみの内容（不登校　いじめ　自殺　など、思いつく言葉を入れてみよう）　相談」と打ちこむと、該当地域の相談できるアカウントが表示されるよ。

生きづらびっとは月・火・木・金・日の17：00～22：00に相談を受付。相談ほっとLINE@東京は東京都在住・在勤・在学の人向け。各自治体で開設されているので、探してみてね。

message 2

小学校教諭
内田 稔

不登校でなやんでいる君へ

僕は小学校の教員として、たくさんの子どもを見てきた。そして学校に来ないと決めた生徒の相談にのっている。

今、君はどんな気持ち？　多くのおとなや友だちが当たり前だと思っていることを自分ができていないからと、何か後ろめたい気持ちをかかえてはいないかな？　ふとした瞬間将来のことが頭をよぎり、自分の人生はだいじょうぶかなと、言い知れず不安な気持ちに沈んではいないだろうか。

学校の先生を敵のように思っているかもしれないけど、そうじゃない先生もいる。たとえば僕は、君たちについてこう考えている。

「優しすぎるほど優しい君の心は、君のことを心配するおとなたちの心をも感じとり、それでもなお、その期待に添うことができず、よけいに傷ついているのかもしれない」

僕は、君の気持ちを一〇〇パーセント理解したい、君の心にのしかかる重い不安を、せめて半分でも代わりに背負いたいと思う。学校の先生の多くはそう思っているはずだ。君が学校に来ないから憎い、という先生はまずいないので、安心してほしい。

本来、学校は、君が幸せになるためにこそ存在する場所だ。それも遠い将来の幸せのためではなく、今、この瞬間の君の幸せのために。それなのに、君を幸せにするべき学校のことで君が苦しんでいるとしたら、まわりのおとなや学校の先生には真剣に問題を解決する義務がある。

だから、君が「みんなと同じようにできない自分はおかしいのかな」と、不安に思う必要はない。学校やその状況が、今の君に合っていないというだけなんだ。服にたとえてみよう。体の大きさは人それぞれなのに、世の中にSサイズの服しかなかったら、どうだろう？　気持ちよく着こなせる人もいれば、多少きゅうくつでも我慢して着る人もいる。それと同じことかもしれないんだ。時がたてば君も変わるし、学校やその状況も変わる。そのうち、ピッタリ合うときが来る可能性だってある。

もちろん別の可能性もある。それは、今の君が幸せを感じることができて、なおかつ将来のためにも役立つ、そんな学校や別の場所だって、きっとあるということ。君と同じような感じかたをしている人たちだって、たくさんいるんだ。君は、決してひとりぼっちではない。

君は、君次第で生きる世界をいくらでも変えられる。本気でさえあれば、どこからでも、いつからでも。僕は約束する。僕たち学校の先生は、全力でそれを支える。君が本当の君らしく生きることを。

profile

内田 稔
Minoru UCHIDA

小学校教諭。
2003 年より教職。

学校に行けないときは？

フリースクールという選択肢

ここまで僕は、不登校からぬけ出すための方法を書いてきた。

でも、**ムリに不登校をやめる必要はない**と思っている。行きたくなければ、行かないという道を選んでもいいんだ。すべての問題がすぐに解決するわけじゃないからね。ただ、不登校といっても、家にいるだけが不登校じゃない。家にずっといてさみしくなることもあるよね。学校の同級生ではない、別の人となら仲よく話がしたいと思うかもしれない。

そんなとき、学校ではない居場所があるのを知っているだろうか。その一つが、**フリースクール**だ。

フリースクールというのは、不登校の子どもたちが集まる「もう一つの学校」だ。不登校の子のための学校と言ったっていい。みんなそれぞれなやみを持って集まってきて、自分のペースで好きなときに好きなことだけをやる。

勉強をしたければ勉強をすればいい。スポーツをしたければスポーツをすればいい。

特に何もしたくなければ、何もしなくたっていい。先生に何かをしろと言われるのではなく、自分のペースでやりたいことに取り組んでいくことができるんだ。

たとえばこんな感じだ。

月曜日は、フリースクールに来たけど、勉強をする気になれず、友だちとゲームをする。
火曜日は、外に出る気分じゃなく欠席。
水曜日は、久しぶりに机に向かいたかったので、先生といっしょに図工をする。
木曜日は、サッカー好きな友だちと五対五に分かれてサッカーをする。
金曜日は、みんなで遠足に行った後、なやみごとを語り合う。

フリースクールにはいくつか種類がある。「居場所としてのフリースクール」「病気をかかえている子の支援をするフリースクール」「不登校児の学習支援をするフリースクール」などだ。

インターネットで、**「フリースクール　【地域名】」**を入力して検索してみれば、出てくるはずだ。その中から、フリースクールの特徴をチェックし、自分に一番合っていると思うところに行けばいい。もしわからなければ、**フリースクール全国ネットワーク**というNPOがあるので、そこに問い合わせてもいい。最近は子どもがネットで自分で調べて、親に「ここに行きたい」と言うケースも増えている。

フリースクールの先生たちはみんな不登校にくわしい人ばかりだ。勉強を押しつけたり、登校しろと言ったりはしない。君のペースで、君のなやみをいっしょになって考えて支えてくれる。

それに、フリースクールは正規の学校ではないけど、学校が認めてくれればフリースクールに通った時間を「出席日数」に入れてもらえるシステムもある。学校ではなく、フリースクールに通うことでちゃんと学校の卒業資格をとることができるんだ。

フリースクールを出た後の選択肢も、たくさんある。

フリースクールで、友だちとすごすことに慣れてから学校にもどる。先生方と相談して別の学校に転校してみる。

あるいは、フリースクールに通いながら、高校受験をしたっていい。君が高校生なら、そこで「高等学校卒業程度認定試験」を受けて短大や大学へ進学することもできる。進学や転校がイヤなら、そこから好きな仕事についたり、趣味を見つけたりしたっていい。先生は君とともに将来のことを考えてくれるし、君にとって最良な道を教えてくれるはずだ。

フリースクール全国ネットワークは、URL を打ちこむか、QR コードを読みこんでね☆
https://freeschoolnetwork.jp/member

message 3

東京シューレ理事長

奥地圭子

学校に行かない人生もあっていい

学校に行っていない、学校に行きたくない。そんななやみを持つみなさんの中には、「学校に行けない私はダメな人間なんだ」「みんなと同じようにできない僕はもう生きる価値がないんだ」という気持ちでいっぱいの人もいるでしょう。

でも、心配しないでほしいのです。私は三十四年間、フリースクールで一五〇〇人以上の学校に行かない子を見てきました。その上でお伝えしたいのは、学校に行かないからダメなんてことはないし、「学校以外の場所でおとなになる」子どももいていいってことなんです。

東京シューレは、フリースクールで、都内に四カ所あります。

フリースクールは学校ではないけれど、勉強したり、遊んだり、自分たちのやりたいことならなんでもできる場所です。東京シューレに入る条件はたった一つ、本人が希望することです。六歳から二十歳までの人が入れますが、何年いたっていいんですよ。六歳からずーっといてもいいし、十五歳から二年間だけでもいいし、とにかく学校に行っていないけど友だちがほしいな、勉強したいな、体を動かしたいな……というふうに、何かしたいなと思ったら来てみるといいです。国語、算数などの学習や、音楽、ピアノ、手芸、外遊びなど、みんながやりたいことを聞いて決めたプログラムなど、一日の時間割はありますが、毎日全部に顔を出す必要はありません。受けたいプログラムがあれば来ればいいし、来たくないときは来なくていいのです。

通いたいと思う子どもならだれでも入れるのですが、通学や授業料など、お金がかかるので、お父さんやお母さんに相談することは必要です。子どもさんが「親には相談していないけど、シューレに通いたい」と連絡をくれることも多いのですが、そういう場合、私たちはじっくり相談にのって、一番いい方法をいっしょに考えます。だから安心して、一度相談してください。

フリースクールには通いたくないけど、つながりがほしいという子向けには、「ホームシューレ」というネットワークもあります。十八歳以上でもっと学びたい人には「シューレ大学」。不登校だけど学校に通いたいという子には、不登校の子どもだけの中学校・東京シューレ葛飾中学校もあるんですよ。

私たちが、いろんなスペースを通して伝えたいのは、「あなたのことはあなたが決めていい」ということです。学校に行く、学校には行かないで勉強する、全部自分で決めていいのです。今は日本の法律も変わってきていて、フリースクールも小・中学生だけでなく高校生も出席日数として認められることになりました（37ページ参照）。通学定期も使えます。

文部科学省も、不登校の子どもを学校に復帰させるのではなく、広い意味での自立を支援する方向に変わっています。このことは、学習指導要領にも書かれているんですよ。

東京シューレに通いはじめたばかりの子どもたちは、みんなちょっと自信がなさげです。髪を伸ばして目を隠していたり、うつむきがちだったり、おしゃべりも少なく、苦手そう。学校でいじめられたことがトラウマで、みんなとうまくやれない子もいます。

でも、それでいいんですよ。

最初ははずかしかったりイヤだったりするかもしれない。でも東京シューレに来たいときに来て、やりたいことをやっているうちに、だんだんと自分の好きなことがわかってきます。やりたいことが見えてきます。

親御さんも、子どもが学校に行かないからと子どもを怒ったり悲しんだりしないでください。子どもは孤立して、味方がほしいと感じています。お父さん、お母さんが味方になって、子どもがラクになる方法をいっしょに探してあげてください。

社会にはいろんな選択肢がたくさんあります。

学校に行くか行かないかなんて、大した問題ではありません。

子どもが生きることにおびえたり絶望したりしないで安心して育っていけるよう、いろいろな情報を得てください。

profile

奥地圭子
Keiko OKUCHI

1941年、東京都生まれ。息子の不登校がきっかけで、1985年にフリースクール「東京シューレ」を設立。不登校について考える親の会や、「登校拒否・不登校を考える全国ネットワーク」の立ち上げにもかかわる。

CHAPTER 1

② ひきこもり

部屋から一歩も出たくない だれとも絶対会いたくない

不登校の子どもの中には、家にひきこもっている子もいる。おとなのひきこもりも合わせれば、その数は全国で五十四万人ともいわれているんだ。

家にひきこもって、君は何をしているのだろう。ゲームをしていても、ネットをしていても、どこか心が晴れない日々が続いているかもしれない。

僕はひきこもり経験者で有名になった人を何人も知っている。ある人は親から暴力をふるわれ、十代の多くの時間をひきこもりとしてすごした。でも、そこから勉強をして大学に進み、演劇をやるようになって、有名な賞をもらった。今では演劇や映画の役者としても活躍している。

何かをつくる仕事をする人に、ひきこもり経験者は多いかもしれない。だから、僕は、**ひきこもることを悪いと思わないし、人によっては自分を見つめ直すために必要な時間**なんだと思う。

ただ、一生ひきこもっているわけにはいかないし、どこかで社会に出たいという気持ちがわくこともあるだろう。そんなときに、先ほど紹介したフリースクールへ行くという方法もあるけど、それ以外にひきこもりを専門に支援している施設へ行く道もある。

国が、各都道府県や政令指定都市につくっている、**「ひきこもり地域支援センター」**がその一つだ。ここでは、ひきこもりをしている子どもや、親の相談を受け付けている。センターで働いているのは、ひきこもりのプロ。彼らはおおぜいのひきこもりの人の支援をしてきたから、どうすれば学校へもどれるのか、自立できるのか、あるいは最適の施設はどこかがわかっている。

今、ひきこもりをしているけど、今後どうしていいかわからないという人はたくさんいるだろう。そんな人はぜひ、地元のひきこもり地域支援センターに連絡してみよう。きっと君のペースに合わせて、どうすればベストかということを教えてくれるはずだ。

ひきこもりの人のための施設にはいろんな種類がある。元ひきこもりの人たちが集まって雑談をする施設、元ひきこもりの人たちが共同生活を送る寮、元ひきこもりの人たちが集まって勉強する、あるいは仕事をとおして社会復帰を目指す施設などだ。

家にいれば、どうしても家族に甘えてしまうし、他人と話をするチャンスもない。

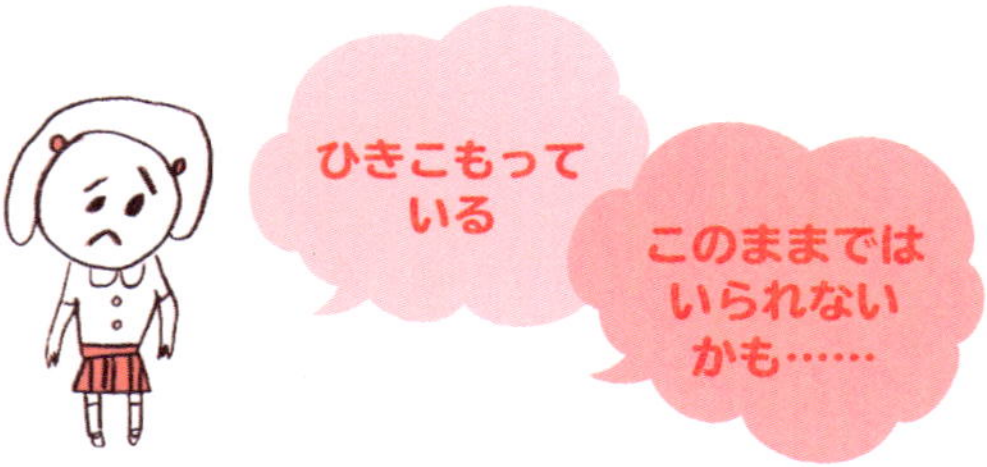
ひきこもっている
このままではいられないかも……

1 ひきこもり地域支援センターで相談

厚労省が全国に設置しているひきこもり地域支援センターは、自治体の相談窓口だよ。まずは相談してみると、解決への第一歩やよりふさわしい専門機関を教えてくれるよ。

各都道府県のひきこもり地域支援センターはQRコードから調べられるよ。

2 民間のひきこもり支援

KHJ 全国ひきこもり家族会連合会
https://www.khj-h.com

日本で唯一の全国組織の家族会（当事者団体）。ひきこもりの当事者と家族のための情報や、家族会、居場所などの支援機関の一覧などが掲載されているよ。

3 ひきこもり新聞

http://www.hikikomori-news.com/

ひきこもりの当事による、当事者のためのメディア。ひきこもりの当事者がリアルな思いを伝えていたり、最新の情報が掲載されていたりする。紙媒体もある。

だから、施設に入り、同じなやみを持つ人たちと暮らし、人と仲よくしていく方法を身につけ、職員といっしょに進学する準備をしたり、仕事を探したりする。

たとえば、こんな子がいた。

りょうすけ君の場合

りょうすけ君には、きつ音（つっかえながらしゃべるクセ）があり、小学校時代から続いたいじめが原因で中学一年生のときから十七歳までひきこもっていた。家でずっとアニメを見るか、インターネットをするかしてすごしていたのだ。両親やきょうだいとしゃべることさえあまりなかった。
ある日、りょうすけ君は両親と話し合って、このままじゃいけない、と思った。それで両親が見つけてくれた自立支援をしている施設に入ることになった。
施設には、職員の指導のもとで十代から二十代のひきこもり経験者が集まって生活をしていた。りょうすけ君は職員と面談を重ねていくうちに、きつ音の治療をしているクリニックに通うようになった。病院でリハビリをして治していく方法があることを教えてもらったのだ。
社会へ出るための一歩として、施設から紹介してもらった会社でアルバイトをはじめることにした。元ひきこもりの人を受け入れている会社で、その子に合った時間だけ働かせてくれるのだ。最初は週に二日、三時間ずつだったのが、少しずつ増えてきて、一年半後には週五日の八時間労働ができるようになった。

こうして二年半ほどで、りょうすけ君は施設を出てひとり暮らしができるようになった。ひきこもりから完全に脱出したのだ。

施設には、ひきこもりの人の気持ちをわかってくれる職員がいるし、少しずつ社会に出ていける環境も整っている。もちろん、いっしょに生活をする人たちはみんな元ひきこもりなので、はずかしいことは何もない。

ひきこもりの人のための社会復帰の施設と聞けば、すごくこわくて暗い場所をイメージするかもしれない。でも、実際はまったく逆で、いかにその子に合わせたペースで自立までの支援をしていくかを目標にしている場所なんだ。

とはいえ、くり返しになるけど、僕は不登校やひきこもりを悪いことだとはまったく思っていない。遅かれ早かれ、人生には一度足を止めてゆっくりと考えるひとりだけの時間が来る。それが十代で来る人もいれば、二十代で来る人もいる、六十歳をすぎて来る人だっているだろう。

社会から一歩離れて、自分や他人を見つめた経験は、かならず君の人生にいい影響をあたえるはずだ。

学校をより冷静に見ることができるし、自分が本当に好きなことを考えられるし、自分の弱さを理解した上で何をするべきかがわかる。そこからゲームクリエイターを目指したっていいし、教師になって同じような子どもを救うのを目指したっていい。君の前には、たくさんの道があるんだ。

だからこそ、もし今の状況をひとりじゃ変えられないと思ったら、何かにたよったらいい。

先生でも、スクールカウンセラーでも、フリースクールでも、施設でもいい。世の中には君を支えてくれる人たちは数えられないほどいるんだ。むしろ、ベストだと思うものを選ぶのは君なんだ。

みんなが君を支えてくれることを忘れないでほしい。

職業図鑑

1

不登校の経験がある人たちに、
実際にどんな仕事を
しているか聞いてきたよ。

国連職員

PROFESSION-1

すごくいい学校を卒業していないとなれないと思うかもしれませんが、実は学校重視ではないのが国連職員です。語学力やその分野の専門知識などは必要ですが、それは学歴ではなく、採用のプロセスで判断されます。

もし国連で働きたいと思ったら、募集している職種はUN Careersという検索エンジンで確認できます。求人のほとんどは、「この部署のこの仕事」というふうに具体的な指定があり、応募条件を満たしていればだれでも応募できます。特殊技能を必要としない一般求人が行われることもあります。

実際に、38ページで紹介した「東京シューレ」に通っていた女性で、東京シューレを退会後、定時制高校、大学、アメリカの大学院と進学し、教会の在日外国人支援活動の経験から興味が高まり、国連で難民支援の仕事についている人もいます。

好きなことで自営業

PROFESSION-2

たとえば自分でレストランを経営する、起業するなどは、「自営業」といわれます。もちろん、レストランを経営するには開業資金や、経営のための知識などが必要ですが、それらは学校に行くことで得られるわけではありません。

たとえばレストランを経営したいなら、レストランでのアルバイトからはじめて正社員になったり、シェフに弟子入りしたりして実戦で学ぶことが可能です。働きながら開業資金をためて、ひとり立ちする人もとても多いのが自営業の特徴。「料理が好き」「大工仕事が好き」など、一日中やっていても苦にならないことがあるなら、自営業を目指すのもいい方法です。

編集者

PROFESSION-3

本や雑誌の企画を立てて、作家に原稿を依頼したり、デザイナーにデザインをお願いしたりする。本や雑誌が世に出るまでのいろいろなことを考え、調整し、本や雑誌をつくるのが編集者の仕事です。

実はこの本をつくっている編集者も不登校経験があります。小学校1年で1カ月、中学校は定期的に2週間〜1カ月程度……と、不登校をくり返しました。なんとか大学に進学したものの、大学もつまらなくなって不登校で1年休学します。その後出版社に編集アシスタントとしてもぐりこみ、編集者になりました。せまき門と思われがちですが、アルバイトからなら意外と募集条件が厳しくないこともあります。

俳優

PROFESSION-4

テレビ、映画、舞台などでいろいろな役を演じる仕事が俳優です。

大学の演劇科出身、演劇の専門学校出身という人も多いですが、学歴が重要なわけではありません。その代わり、人目を引く顔立ちや役を演じるセンスなど、才能は必要です。

自分に才能があるかどうかはわからない。でも何かを演じてみたい。そう思うのなら、劇団の研究生にチャレンジするという方法もあります。いろいろな劇団が定期的に研究生を募集しています。合格すれば、授業や実技のけいこを通して、演技に必要な知識や技術を学ぶことができ、いずれ舞台やドラマなどでデビューする可能性もあります。

column 1

公民館を利用しよう

学校に行きたくない、家にも居場所がない…
実は公民館はそんなときに行ける場所

F・K（公民館勤務）

公民館は、いつ来ても、いつまでいてもいい場所です

公民館は好きなときに来て好きにすごせる場所です。何かをやろうと来ることもあるけれど、ラウンジで座ってお話をしたり、本や新聞を読んだりできるところです。学習室があったり図書館といっしょになっている公民館もあります。

学校に行きたくない日、公民館に来ると「どうしたの？　学校に行かないの？」と“聞かないで！”と思うことを聞かれてしまうことがあります。ただ、そのときには、勇気を出して「行きたくないから行かない」とか正直な気持ちを伝えてください。きっと“そんなときもあるよね”と受け止め、どうすればいいかをいっしょに考えてくれると思います。おうちの人や学校の先生が心配していることをふまえて「今日は公民館にいることを伝えるよ」「帰るときに迎えにきてもらおう」など、しっかり考えてくれるはずです。

逆に声をかけられてもまったく話さないと“これは大変！”と子どもの気持ちも聞かず、学校や警察に連絡されてしまいます。夜遅い時間に子どもひとりで来るのも同じです。子どものことを家族やまわりの人が心配している、という前提で動いてしまうので、勇気を出して“こうしてほしい”ことを言ってくださいね。公民館は人とつながる場所なのです。

公民館とつながりを持って変わっていった人もいます。ずっとおうちから出られなかった人が、地域の人から紹介してもらい、公民館の講座（イベント）を手伝ってくれ、月２回子どもたちと音楽の講座を楽しんで運営してくれました。彼女はその講座が終了した今もほかの講座を手伝ってくれていて、ゆっくり社会復帰に向けての準備をしています。

いろんな人がいて、いろんなことをやっている公民館、気軽に来てみてくださいね。

CHAPTER 1
3

みんなとちがう・発達障害

「生きづらい」の後ろにある「個性」と「障害」

個性という言葉を知っているよね。人には生まれもった性質があり、それがその人の個性になるんだ。

もともと明るくて人と仲よくするのが得意だったり、一つのことにとことんのめりこむタイプだったり。どんな形であっても、人は何かしらの個性を持っているものだ。

でも、人によっては、その個性が少し大きすぎて生きづらさをかかえてしまうことがある。個性のせいで生きづらいとなると、それは個性ではなく、「障害」になる。

ここでは、大きく四つの障害を紹介しよう。

最初の三つは、**「発達障害」**と呼ばれるものだ。ここ、十～二十年の間に広まった用語なので、おとなの中にはくわしく知らない人もいるかもしれない。

こうした障害は、症状が軽い人から重い人まで千差万別だ。また、いくつかの障害がある人もいる。たとえば、注《ちゅう》意《い》欠陥《けっかん》・多《た》動性《どうせい》障害《しょうがい》と知的障害の両方がある人などだ。症状が重たい人であれば、ふつうに生活をするのが難しくなるので、親が病院へ連れていって検査をするケースが多い。

でも、軽い人であれば、親は気づかないし、本人もわからない。だから、小学校に上がってから、「生きづらさ」を感じるようになる。みんなができることができない。イライラがおさまらない、黒板の字が読めない……。

その結果、クラスメイトからからかわれたり、いじめられたりする。親からも「なんであなたはそうなの！」と怒られてばかり。これでは、生きづらさはますます大きくなっていくよね。

もし君が生きづらさを感じ、右記のような特性が当てはまると思うのなら、自分に障害があるのかもと考えてみることも必要だ。

障害があることははずかしいことじゃない。発達障害がある人は、小中学生の十五人に一人といわれている。つまり、一クラスに二人くらいいるってことだ。発達障害はやり方によっては、いくらでもよくなるんだ。

たとえば、目が悪ければメガネをかければものが見えるようになるよね。それと同じように、**発達障害であっても、メガネをかけるように薬を飲んだり、生きかたを変えたりすることで、日々の暮らしがすごく楽になる**ものなんだ。

生きづらさの原因いろいろ

発達障害や知的障害には
いくつかの種類があるよ

生きづらさの原因①
自閉症スペクトラム
ASD

　あることに対してものすごくこだわりが強い。そのため、電車の駅名をおとな以上におぼえたり、自分で決めたルールを厳しく守ったりする一方で、人づきあいがヘタなところがある。自分でこうだと思ったこと以外を受け入れることができず、人とぶつかってしまったり、社会の決まりを守ることができなかったりする。
　また、音やにおいなど感覚にものすごく敏感だったり、鈍感だったりすることもある。教室の物音が大きく聞こえすぎてこわくなる、あるにおいがきつく感じてその場にいることができなくなる、布団がチクチクするのが苦手でねむれないといったことがある。

生きづらさの原因②
注意欠陥・多動性障害
ADHD

落ち着きがなく、人から見れば勝手な行動が目立ってしまう。教室でじっとしていられず、思ったことをしゃべったり、行動したりせずにいられない。先生や親から注意されても、それを守ることができない。人によっては、イライラをおさえることができない。一日に何度もイライラすることがあり、人とぶつかったり、物にあたったりしてしまう。

生きづらさの原因③
学習障害
LD

日常生活はふつうに送ることができるが、勉強においてあることがどうしてもできない。

文字を読むことができない「読字《どくじ》障害《しょうがい》」、計算をすることができない「算数障害」、字を書くことができない「書字《しょじ》障害《しょうがい》」などいくつかの種類に分けられる。

症状は人によって差があり、まったくできない人もいれば、文字を1行読んだだけでつかれたり、頭痛がしたりしてそれ以上先に進めなくなったりする人もいる。

生きづらさの原因④
知的障害

知能が発達せず、人間関係から生活、それに勉強などがうまくいかない。具体的には、じょうずに話せない、体をうまく動かせない、買い物ができない、人と遊べないといったことが起こる。

程度は軽度、中度、重度、最重度の４つに分かれていて、ふつうに学校生活を送れる人から、他人に助けてもらわなければ生きていけないくらいの人までいる。

障害というとあまりよく聞こえないかもしれないけど、生まれ持った性質なのだから、君の責任じゃないし、はずかしがる必要はない。うまくコントロールする方法さえ身につければ人生が百八十度変わることだってある。

自分をチェック

もしかしたら障害があるのかもしれない。そんなふうに考えたとき、君の一番身近な相談相手は学校にいる。スクールソーシャルワーカーやスクールカウンセラーだ。彼らは、発達障害や知的障害の知識をきちんと持っている。だから、障害のことであれば、おおよそのことは答えられるし、相談にものってくれる。

君はスクールカウンセラーに、「発達障害の特徴と自分の特徴とが合うので、どうやって調べればいいか教えてほしい」と言ってみればいい。あるいは、次ページのチェック表を親といっしょに確認してみて、その結果をスクールカウンセラーにわたしてほしい。

スクールカウンセラーは、君が本当にそうかどうかを調べてくれるだろう。もしそうだとわかれば、学校の先生に話を持っていって、君が学校生活をスムーズにすごせる方法を考えてくれるはずだ。

学校に相談するのはイヤだという人もいるかもしれない。そんなときは、次の二つ

発達障害のチェックリスト

「みんなと違う」「生きづらい」と思ったら……？

▶ 一歳のころの典型的な症状

- □ 人の目を見ることが少ない
- □ 指さしをしない
- □ ほかの子どもに関心がない

▶ 言葉を話しはじめたころの典型的な症状

- □ 自分の話したいことしか口にせず、会話がつながりにくいことがしばしばある
- □ 電車やアニメのキャラクターなど、自分の好きなことや興味のあることには、毎日何時間でも熱中することがある
- □ はじめてのことや決まっていたことの変更は苦手で、なじむのにかなり時間がかかることがある

▶ 注意欠陥・多動性障害（ADHD）の典型的な症状

- □ 座っていても手足をもじもじする
- □ 席を離れる、おとなしく遊ぶことが難しい、じっとしていられずいつも活動する
- □ しゃべりすぎる、順番を待つのが難しい、他人の会話やゲームに割りこむ
- □ 課題や遊びなどの活動に集中し続けることができない
- □ 話しかけられていても聞いていないように見える
- □ やるべきことを最後までやりとげない

▶ 学習障害（LD）の典型的な症状

- □ 全般的な知的発達には問題がないのに、読む、書く、計算するなど特定の事柄のみが難しい

このリストはあくまで傾向を確認するものです。
「発達障害かどうか」の診断は、専門の医療機関や次のページで紹介している保健センターや発達障害者支援センターなどで行っているので、問い合わせてみてください。

の機関が君をサポートしてくれる。

①市町村の機関

発達障害者支援センター
精神保健福祉センター
保健センター
児童相談所
子育て支援センター

②病院・クリニック

小児科
精神科
児童精神科
小児発達神経科

子どもが自分の症状を正確に説明するのは簡単じゃない。この場合は、まず親にちゃんと説明をして、市町村の機関や病院へ行く必要がある。もし親があまり協力してくれない場合は、学校の先生や保健の先生に話して、力になってもらおう。

市町村の機関、病院・クリニック、どちらに行ってもいいけど、個人的には①の「市町村の機関」に先に相談したほうがわかりやすいかなと思う。

市町村の機関へ行けば、君に障害があるかどうか、チェックをしてくれるはずだ。そしてもし障害があるとわかれば、それがどういうものかを説明し、今後の治療方法などを教えてくれる。

その上で、君は地元にある専門の病院を紹介してもらい、そこでもう一度ちゃんとした検査をした後、治療をしていくことになる。

治療といっても、手術をするとか、入院するとかいったことはないから安心してほしい。

障害の重さや種類にもよるけど、必要であれば薬を飲んで心が落ち着くようにして、君が社会で楽に生きていけるように「こういうときにはこうしよう」ということを教えてもらえる。また、学習障害などの場合は、学校の先生にたのんで、テストのやりかたを変えてもらったりすることもある。

おとなに相談

↓

・こんなことで
・こんなふうに
こまっている…と言えるといいね

信頼できるおとな＝お父さん、お母さん、先生、スクールカウンセラーなどに相談しよう

↓

病院や、市町村の機関
（精神保健福祉センターなど）に相談

発達障害情報・支援センター：発達障害のある子ども、おとな、関係者をサポートする専門機関。**相談窓口の情報 http://www.rehab.go.jp/ddis/action/center/**

精神保健福祉センター：心の病の相談にのり、支援してくれるところ。
全国一覧 https://www.mhlw.go.jp/kokoro/support/mhcenter.html

児童相談所：18歳未満の子どもに関するあらゆる相談にのるよ。相談は本人からでも、まわりのおとなからでもいいよ。**https://www.mhlw.go.jp/support/jidousoudan/**

子育て支援センター（【住んでいる地域名＋子育て支援センター】で検索）：子ども家庭センターや子ども家庭支援センターともいうよ。地域によっては発達相談をしているところもある。

かえで君の場合

かえで君は小学校に入ってまもなく、文字を書くことができないことに気づいた。読むことはできるのだけど、字を書こうとすると簡単なひらがなをまちがえてしまったり、マス目からはみ出してしまったりする。また、なんとか書けても、一行書いただけでヘトヘトになってしまった。

どれだけ努力してもうまくいかないことに学校の先生が気がついて、お母さんとかえで君に検査をすすめた。かえで君はお母さんといっしょに市の保健センターへ行ってみたところ、文字が書けない「書字障害」であることがわかった。

かえで君は、学校にそのことを伝え、テストのときに字ではなく声を出して答えたり、黒板に書いたことを映像にとって家で復習できるようにしてもらった。

そのおかげで、かえで君は書字障害による問題を克服《こくふく》し、推薦《すいせん》でレベルの高い高校に進学することもできた。

さおりさんの場合

小さなころから、さおりさんはよく動き回っていた。お母さんに「静かにしなさい」と言われても、あらゆるところを走り回っていたのだ。小学校に入ってからも、同じだった。授業中におしゃべりをしたり、席を立ったりして、先生から怒られてばかりだった。

もう一つ、さおりさんにはなやみがあった。一日に何度かイライラすることがあり、そうなるとまわりの人たちに感情をぶつけてしまうのだ。同級生とケンカをしてしまったり、お母さんに八つ当たりをしたりしてしまう。

中学生になると、ますますそういうことが増えてきた。お母さんがこまってさおりさんを病院へ連れていったところ、「注意欠陥・多動性障害」だということがわかった。お医者さんはさおりさんに薬を出した。それを飲みはじめたところ、さおりさんは自分でもおどろくくらいイライラすることがなくなった。心が落ち着き、人とぶつかることがなくなったのだ。

さらに、お医者さんはさおりさんと同じ障害のある人たちが集まるNPOを教えた。さおりさんはそこへ週に一度通って、どうすれば学校や家でスムーズにすごしていけるかの方法を学んだ。

学校側も、さおりさんに障害があるとわかったことで、小さなことではしからなくなった。それより、席を替えたり、副担任がサポートをしたりすることで、うまくやっていける環境を整えた。

そのため、中学三年生になるころには、さおりさんは学校や家でみんなと楽しくすごせるようになった。


君が社会で生きづらさを感じるのは、まわりがそれを理解していないからだ。

逆に言えば、家族や学校が君の障害に気がつけば、ちゃんとした方法で君を受け入れてくれる。君ひとりでなやむのではなく、みんなにそれを知ってもらうことが、学校生活をスムーズに送る方法なんだ。

障害があるのは、別にはずかしいことではない。目が悪いとか、体をこわしやすいといったことと同じだ。だからこそ、治せるところは治せばいいし、まわりにきちんと理解してもらえれば、より楽にすごすことができるんだ。

発達障害、知的障害がある場合、まわりの人たちの理解を得て、彼らをどれだけ味方にできるかが大切になる。

子どもには大きく三つの生活の場所がある。学校、家庭、社会だ。

学校の先生や、家庭の親は、どちらかといえば簡単に理解者になってくれるだろう。でも、社会に理解者がいるといないのとでは大きくちがう。

障害のある人が、楽しく生きられるかどうかは、社会に味方となってくれる人がいることが重要だ。

社会には、障害のある子どもを支援するグループがたくさんある。その一つが障害のある子どもをサポートしているＮＰＯだ。

インターネットで**「発達障害　ＮＰＯ　【地域名】」**で検索してみてもいいけど、まったくはじめてであれば、各地域にある保健センターや発達障害者支援センターに連絡して、君に合ったところを紹介してもらったほうがいいかもしれないね。「東京発達障害者支援センター」などと検索すれば、地域のサイトがヒットするので、そこに問い合わせて地域のＮＰＯを利用したいと言えばいい。

NPOによってやっていることはちがう。学校のように大きな建物を持っていて、「児童発達支援」や「放課後等デイサービス」などを提供しているところから、公民館などで月に何度か遊ぶ時間をつくっているところまでいろいろある。

活動内容は、だいたい次のようなことだ。

- 同じ障害のある子どもたちが集まって交流できる居場所づくり。
- 社会からはずれず、ほかの人とうまくやれる方法を教えてくれる。
- 君のペースで勉強、遊び方、買い物のしかた、創作、スポーツなど教えてくれる。
- 学校や家庭でこまっていることの相談にのって助けてくれる。
- 生活が楽になるアプリ、道具などを紹介してくれる。

同じ障害のある子どもたちが集まる居場所があり、そこで少しでも生きづらさをなくして、楽しく生きていくための方法を身につけさせてくれるんだ。

もう一つ君がたよりにできるのが、障害のある子どもたちをサポートしている会社だ。障害のある子どもたちだけを集めて勉強を教えている学習塾、障害のある子どもたちの就職を手伝ってくれる会社などがある。

障害のある子どもが、そうではない子どもとまったく同じ条件で勉強をしようとしたり、会社に入ろうとしたりすると、とても高い壁がある。だからこそ、そうした会社の力を借りて、君に合った方法で勉強をしたり、仕事を選んだりすればいい。

これらの会社も、発達障害者支援センターなどに相談すれば紹介してくれる。たとえば、「発達障害の子ども専門の学習塾に行きたい」と言えば、調べてくれるはずだ。自分で探すのもいいけど、知識のある人に聞くといろんな情報が得られるよ。

ＮＰＯにしても、会社にしても、君を支えてくれるところは、たくさんある。そのたくさんの中から、君は自分にとって一番いいところを選ぶべきだ。

みつる君の場合

みつる君は、小さなころから、こだわりが強かった。日本中の町の名前をすべておぼえてしまうようなことができる一方で、友だちと仲よくすることができなかった。自分が「こうしたい」という気持ちが大きすぎて、ぶつかってしまうのだ。
中学生のとき、みつる君は、いくつか学習塾へ行ったが、どこも一カ月も続かなかった。お母さんがこまって病院へ連れていったところ、発達障害であることがわかった。
お母さんは今後のことを学校のスクールカウンセラーに相談した。スクールカウンセラーは言った。
「みつる君は一般的な学習塾に行くからうまくいかないんです。発達障害の子どもの学習塾があるので、そちらへ行ってみてはどうですか」

お母さんはスクールカウンセラーに紹介された発達障害者専門の学習塾へみつる君を通わせることにした。学習塾の先生はみつる君の特性をきちんと調べて、みつる君のペースで勉強を教え、高校へ進学させた。高校進学後も、先生は学校でうまくいかなくなるたびに、サポートをしてくれた。

やがて高校を卒業するとき、先生はみつる君に言った。

「ふつうの会社に入っても、いろんな仕事をやらされる。それは一つのことを集中してやるみつる君には合わない。それなら、市がやっている遺跡の発掘の仕事をしないか」

みつる君は古代生物が好きだったし、発達障害が原因でだれともかかわらずに一つのことをコツコツとするのが得意だった。

先生にすすめられた仕事をしたところ、これがピタッと当てはまった。みつる君はだれより遺跡の発掘がじょうずになり、大活躍した。

車イスの人でも、バリアフリーの場所であれば、スムーズに動き回ることができるよね。

発達障害も同じなんだ。**学校、家庭、社会できちんと理解して支えてくれる人を味方につければ、ぶつかることなく生きていくことができる。**大切なのは、その環境をきちん整えられるかどうかだ。

また、仕事においても、発達障害の人だからこそ、ほかの人よりじょうずにできるものもある。みつる君のように、人とかかわることが苦手で一つのことをコツコツやるのが得意なら、本を書く仕事、コンピューターのプログラミング言語を扱うプログラマー、あるいは経理みたいな仕事などはすごく合う。

もしかしたら学校の先生や親から、君はこう言われたことがあるかもしれない。

「できないのは、君が努力しないからだ」

先生の中には、何がなんでもふつうのクラスの中でがんばれと言い続ける人もいる。あるいは、親の中には、何がなんでもふつうの塾へ通って、ちゃんとした企業で働いてほしいという人もいるだろう。

もちろん、それができる人は努力すればいい。でも、もし努力してもうまくいかないのなら、ムリに続けてもつらいだけだよね。

人としゃべることができないのに、おおぜいの人の中にいればつらい思いをするばかりじゃなく、いじめられてしまうことだってある。

字を読むことができないのに、字を読めと言われ続けると、自分はダメな人間なんだという気持ちだけがふくらんでいく。

僕は君にそんな青春時代を送ってほしくない。できないことをムリにできるようにしようとして、つらい思いを重ねていってほしくないんだ。

できないことがあるのは、はずかしいことじゃない。できないのはしかたないとして、今度はできることを見つけて、それをみがいていくのも一つの生きかたではないだろうか。

先のみつる君のように、ふつうの学習塾でうまくいかないのなら、発達障害の子どもを専門にしている学習塾へ行けばいい。人と話ができないのなら、ひとりでコツコツと遺跡をほる仕事について楽しみを見いだせばいい。

世の中には君と同じなやみをかかえている人はたくさんいる。君をサポートしてくれる人もたくさんいる。

それなら、そういう人たちとひとりでも多く出会い、人生をステキなものにしていってほしい。

専門性の高い仕事

PROFESSION-5

好きなことにはとことん集中できるので、専門性の高い仕事が向いている場合も。たとえば本や雑誌の原稿の誤字・事実関係のまちがいなどを見つける「校正・校閲《こうえつ》」(専門の会社に就職するか、最初からフリーランスで開業する人もいます)、特許関係などの仕事をする弁理士、学者、エンジニアなどは、好きならやりがいがある仕事です。自分は何が好きか探してみよう。

インターネットの仕事

PROFESSION - 6

発達障害にはいろいろな種類があり、その度合いも人によってさまざま。でも人といっしょに何かをするよりはひとりでコツコツする作業が合っている人も多いようです。インターネットの仕事は、人と交渉する仕事もあるけれど、コンピューターが動く仕組みをつくるプログラマーや、HPのデザインをするウエブデザイナーなどはひとりの作業が多いので向いていると感じる人も多いかもしれません。

自分のこだわりに合う仕事

PROFESSION-7

強いこだわりをもつ人が多いのも発達障害の特徴の一つ。それを活かせる仕事を探すのも大切。たとえばひとりで黙々と同じことをし続けたいなら、遺跡の発掘作業員（アルバイト募集もあるので検索してみよう）、運転が好きなら電車やバスの運転士（どちらも鉄道会社、バス会社に就職する）などもいいかも。とにかく「好き」で「こだわる」ことを仕事にできないか考えてみるのもおすすめです。

message 4

LITALICO
ワークス

陶 貴行

「発達障害を活かして働く」働きかたとは？

ＬＩＴＡＬＩＣＯワークスは、「働いた経験がない」「働きたいけど不安がある」「かつてアルバイトや就職をしたけど、うまくいかなかったので再チャレンジが怖い」というような発達障害の人たちの就労支援をしています。

発達障害の就労支援をする事業所は公的な機関が多いですが、ＬＩＴＡＬＩＣＯワークスは株式会社、民間の団体です。

ＬＩＴＡＬＩＣＯワークスを利用される方たちの中には、学校へ行くことに困難をかかえていたり、アルバイトなどの働く経験も少なかったりする人がいます。そうすると、おとなになっていざ社会に出ようと思っても、自分はどんなふうに働けて、何に向いているかよくわからないという人もたくさんいます。みなさんの中にもいらっしゃるかもしれませんね。

まず、私が伝えたいのは、みなさんのお父さんやお母さんや学校の先生たちのように、**「朝から晩までフルタイムで働く＝仕事」**ではない、ということです。週一回でも、一日三時間でも四時間でもいい。ひとりでは解決しづらいことや、どうしたらいいのかわからないことなどの「こまり感」を信頼できる人といっしょに解決しながら、自分らしく生きていくことが、「働く」ということです。

だから私たちは、なやみをかかえてきた人たちには、まずはLITALICOワークスの中の模擬的な就労環境でトレーニングを行い、自信がついてきたら、実際に仕事を体験してもらいます。いろいろな仕事を体験しているうち、「私は接客は苦手だけど、数字の計算は得意」とか「僕は力仕事は好き」とか、自分の好きなこと、得意なことが見えてきます。これは、絶対に、だれにでもあります。そういう好きなこと、得意なことを見つけるためにも、職場実習で模擬体験してみます。トライをくり返すうちに、自分らしく、実力を発揮できる場所が見つかります。そうしたらその職種で就職先を探します。

就職先が決まっても、それでかならずうまくいくわけではありません。

でも、いろいろな問題があったとしたら、それを私たちがいっしょに考え、工夫し、調整して解決していきます。

たとえば、「言語能力はすごく高くて高学歴、でも人間関係がうまくつくれなくて大学で適応できずにひきこもった」という発達障害の人がいました。彼は頭がよくてPCスキルが高かったので、専門的な事務職はすごく向いています。でも、抑《よく》うつ症状や過《か》集中《しゅうちゅう》という、読んで字のごとく集中しすぎる症状があって、それを自分ではうまくコントロールできません。過去のアルバイト先などでは、そのせいで「勝手に根をつめてがんばって、ある日突然ポキリと折れて仕事を投げ出す」というふうに見られたこともありました。だから、私たちは新しい就職先では、「一時間に一回休憩をうながしてください」と職場の上司に依頼しました。そんな小さな工夫を重ねるだけで、今まで続かなかった仕事が続くようになります。

　今まで三日ともたなかったけれど、一週間連続して出勤できた。その次は一カ月出勤できた。だんだん失敗しなくなった……と、小さな成功体験を積み重ねれば、気がつけばのびのびと自分らしく働けるようになっています。

だから発達障害でいろいろなことがうまくいかなくてなやんでいる人が

いたら、私からは「ひとりでなやまないでください」と伝えたいと思います。

私たちのように就労支援をする場所はたくさんあります。作業所のような日中活動の場所もあります。まずはだれかに相談する。そうすることで、自分の人生がはじまっていきます。

profile

陶 貴行
Takayuki SUE

株式会社 LITALICO
LITALICO ワークス事業部ヒューマンリソースグループ。公認心理師/臨床心理士。

S
N

CHAPTER

2

「家庭」のなやみ

子どもが生きていくには、どうしてもお父さんやお母さん、
おじいちゃん、おばあちゃんなど、おとなの助けが必要。
でもお父さんやお母さんが離婚していたり、家に帰ってこなくなったり、
家族との関係でなやみが生まれる場合もある。
そんなときに、だれに助けを求めたらいいのかを探ってみよう。

CHAPTER 2
1

夜の留守番

親が家に帰ってこない

家で、ひとりぼっちですごしている子どもは少なくないよね。お父さん、お母さんが仕事で毎日夜遅くまで家をあけていて、時には帰りが明け方になる。そうなると、子どもだけで留守番をしなければならない。

さみしいよね。ゲームをしていたって、マンガを読んでいたって、心のどこかでは親の帰りを待っているはずだ。なかには、親が帰ってくる明け方まで起きているせいで、学校に行けなくなってしまう子だっている。

ほとんどの子は、なかなか親に「早く帰ってきて」とは言えない。なぜなら、こう考えるからだ。

「お母さんは、僕のために一生けんめいに働いてくれている。もし変なことを言ってこまらせてしまったら、悲しむかもしれない。自分が我慢すれば、何もかもすむことなんだ」

もし君に弟や妹がいたら、君が親の代わりになってめんどうをみなければならない。ごはんを用意したり、おフロに入れてあげたり。君は子どもではなく、おとなのようにふるまわなくてはならない。

だけど、留守番をしているときにトラブルが起こることだってあるよね。見知らぬおとなの人が家にやってきたり、きょうだいが病気になってしまったり。

親にすぐに連絡がつけばいいけど、そうでないケースもあると思う。そんなときのためにも、親せき、近所のおとな、学校の先生など、いつでも相談できる相手を持っておいたほうがいい。警察や市の職員、あるいは塾の先生だっていいと思う。いざとなったら助けを求められるおとながいるのといないのとでは、まったくちがうからね。

でも、なかなかそうはいかない状況もある。そんなときは、**24時間子供SOSダイヤル**に連絡してほしい。

ここでは、二十四時間、どんなトラブルでも相談にのってくれる。本当に一大事だと判断されれば、君の代わりに警察や消防、あるいは児童相談所に連絡を取ってだれかがかけつけてくれることもある。

君のほうからは、なかなか警察などに連絡しづらいと思う。でも、信頼できるおとながきちんと判断して対応してくれれば、物事がうまくいくケースは少なくない。大きなことでも、小さなことでもいい。**君からの連絡を待っている人がいる**ということを知っていてほしい。

とはいえ、こうした生活をしていると、本当に毎日がさびしいはずだ。親自身だって、君にそういう思いをさせてしまっていることを心苦しく思っているかもしれない。そんなとき、君はスクールカウンセラーに一度相談してみてもいいかもしれない。

「親がいそがしくて家に帰ってこないんです。どうしていいかわからなくて」

そう言ってみるだけでいい。

スクールカウンセラーの仕事の一つは、家庭の問題にまできちんと入りこんで、君がつらい思いをしないようにすることだ。スクールカウンセラーが必要だと感じれば、君の親と話し合いをし、どうすれば一番いいかを考えてくれるだろう。

親の仕事を一部だけズラして夜に働くのを週の半分にしたり、夜の間に親せきが見守りに来てくれたり。あるいは、親が知らない福祉制度があり、それを受けることによって親が働かなくていいようになるかもしれない。スクールカウンセラーはさまざまな解決方法を知っているので、打ち明けてみよう。

また、親子で相談できるところもある。それが「子ども総合センター」だ。

地域によって名称が異なっていて、「子育て支援センター」「子ども家庭支援センター」「子ども支援センター」などとも呼ばれている。

子ども総合センターは、子育てに関する相談を受けている場所だ。親がいそがしく

子ども総合センターとは？

原則的には乳幼児とその保護者のための施設で、厚生労働省の管轄《かんかつ》で運営されている。子どもが遊べる空間があったり、子育てアドバイザーや相談員とよばれる人がなやみ相談にのってくれたりするよ。小学生くらいまでの大きな子どもの発達相談を受け付けているところも。

子ども総合センターは地域によって

- 子ども支援センター
- 子ども家庭支援センター
- 子育て支援センター

ともいうよ。

探し方

住んでいる地域名＋子ども総合センター or 子ども支援センター

などで検索してみよう

こんなことをしているよ

- 乳幼児の保護者のなやみ相談、指導
- 看護師さんや保健師さんによる指導（自治体による）
- 発達相談や診断、発達支援
- 子育てサークルの活動支援
- 絵本の読み聞かせや手遊びなどのイベント
- 保育施設の紹介

etc……

て家事ができない。夜に家に帰ってこられない。そんなときにどうすればいいかということを教えてくれ、時にはサポートしてくれるんだ。

警察ではないので、連絡をしたところで、いきなり君の親をおこったり、つかまえたりすることはない。もちろん、君をどこかに連れていくこともない。

センターによっては、「夜間一時保育（トワイライトステイ）」といって、子どもを夜の間あずかってくれるところもある（何時まであずかってくれるかは、場所による）。たとえば、お母さんが夜十時まで仕事をしているとしたら、同じような子どもといっしょにその時間まであずかってくれるんだ。そこの職員に、食べ物をもらったり、ベッドで寝かしつけてもらえる。

また、お母さんが仕事で何日も帰ってこない場合は、「ショートステイ」といって、とめてもらうこともできる。親が病気で入院している子どもも、同じように利用している。合宿所みたいにみんなでワイワイ遊びながらすごすんだ。ひとりで家にいるよりはさびしくないし、安全だ。

子どもである君が自身で相談するならスクールカウンセラー、親子で相談に行くなら子ども総合センターということだ。うまくいった子のケースを紹介しよう。

かれんさんの場合

シングルマザーのもとで、かれんさんは育った。お母さんは毎日夜明けまで仕事をしていて、時には帰ってこない日もあった。

かれんさんは妹と二人で夜をすごしていたけど、妹がぜんそくを持っていてよく発作を起こしていた。かれんさんは妹のめんどうをみていたけど、いつか事故が起きてしまうのではないかと気が気でなかった。

ある日、かれんさんはこまって、学校の先生とスクールカウンセラーに相談した。後日、スクールカウンセラーが、先生、かれんさん、お母さんと話し合った。スクールカウンセラーは言った。

「地元の子ども総合センターでは、夜働いている家庭の子どもをあずかってくれています。週に何度かだけでも、そこにお子さんをあずけたらどうでしょうか」

センターではごはんも食べさせてもらえるし、おフロにも入れるという。

さらに、スクールカウンセラーが調べたところ、お母さんは国からの補助金があるのを知らず、もらっていなかった。そこできちんと申請してもらうことにした。おかげで、お母さんは夜の仕事を半分に減らすことができた。

この結果、かれんさんと妹は週に二回、センターで夜をすごすことになった。お母さんは仕事が終わると、センターへ二人を迎えにきて自宅に帰る。妹がぜんそくの発作を起こしても職員が看病してくれた。

学校の先生も、かれんさんの家庭環境を知ったので、いろいろと気にとめてくれるようになった。ことあるごとに、うまくやっているかと声をかけてくれたし、こまったことがあれば電話していいぞと言われて連絡先を教えてもらった。

やがてお母さんはスクールカウンセラーに助けてもらいながら、条件のいい昼間の仕事を見つけることができた。それ以降、かれんさんは夜に留守番をしないでもすむようになった。

親はなんでも知っているわけじゃない。いそがしくて人に相談できず、もっといい方法があるのを知らないってことがよくあるんだ。

相談窓口に行ってみたら、親もおどろくような提案をしてもらえることもめずらしくない。君のほうからも親に相談に行ってみるように伝えてもいいかもしれないね。

CHAPTER 2

②

親の離婚・再婚

お父さんとお母さんが別々に住んでいる 新しいお父さんお母さんが来た

お父さんとお母さんの関係がうまくいかず、離婚してしまうことがあるだろう。離婚は子どもの運命を大きく変えてしまうよね。家が変わったり、生活が厳しくなったり、きょうだいがバラバラになってしまったり、おじいさんやおばあさんに引き取られることになったりする。

離婚した親が別の人と再婚するケースでも同様だ。家に、いきなり見ず知らずのおとながやってきていっしょに暮らすことになる。その人を「お父さん」とか「お母さん」と呼ばなくてはならない。さらに、相手の連れ子ときょうだいとして住まなければならないことだってある。

離婚も再婚も、君の生活を大きく変えることにはちがいない。君は親の決めた生活をしなければならない。でも、新しい生活環境にはなかなかなじめないので、ストレスがどんどんたまってしまう。

僕は、そういう子どもたちをたくさん見てきた。ある子はストレスがたまって不登校になってしまったし、ある子は非行に走ってしまった。みんな平気そうにふるまいながら、おとなにはわからないほど傷ついていた。

でも、こう言いたい。

「親が離婚・再婚することになったとしても、子どもである君がつらい思いをする必要はない」

離婚・再婚後の生活は、親の都合によって決められてしまう。君からすれば、まったく別の生活環境にほうりこまれることになる。それを押しつけられれば、当然生活はつらいものになってしまう。

でも、君が「こうしてほしい」「ああしてほしくない」と言うことができて、親がそれを少しでも聞き入れてくれたらどうだろう。あるいは、親せきに自分の意志を代弁してもらうという方法もあるだろう。

たとえば、「離婚することになったとしても、高校卒業までは再婚しないでほしい」とか、「家を出ていくことになったとしても、県外へ引っ越すのではなく、近くのおじいさんの家で暮らして同じ中学に通い続けたい」と言って、聞き入れてもらえたとしたら、ずいぶん楽になるんじゃないだろうか。

もし君が親に直接そういうことを言えて、親もそれにきちんと耳をかたむけてくれるのならばいい。でも、こういう状況の中で、親に意見を言うのは勇気がいるし、子どもの言葉をなかなか聞き入れてくれない性格の親もいるだろう。仲のいい親せきがおらず、相談できないこともある。

そんなときに、君がたよりにするべきなのが、スクールカウンセラーだ。スクールカウンセラーは、君の家庭環境をよりよいものにするための方法を知っている。君のなやみや希望を聞いて、家族と話し合って、新しい生活をストレスのないものにすることができるんだ。

ただ、たとえ信頼できるスクールカウンセラーでも、おとなと二人きりで対面すると、話しにくいこともある。とりわけ自分の家庭のことを話すのは、勇気がいることだからね。

そんなときは**「24時間子供SOSダイヤル（0120-0-78310）」**や**「子どもの人権110番（0120-007-110）」**に連絡をしてみてほしい。スクールカウンセラーと同じように、君のなやみを聞いてどうするべきか、いっしょになって考えてくれるだろう。

ここで一つ、スクールカウンセラーによって、解決したケースを紹介しよう。

たいが君の場合

　お母さんはシングルマザーとして、たいが君と弟の二人を育てていた。たいが君もお母さんが仕事に出ている間は、弟のめんどうをみて家を守っていた。自分が父親の代わりだと思っていた。

　中学一年生のとき、お母さんに恋人ができた。お母さんは毎週のように恋人の男性を家に連れてきた。男性は自分の家のように冷蔵庫を勝手に開け、おフロに入り、たいが君たちをしかった。

　たいが君はそれがものすごくイヤだった。それでだんだんと家に帰らなくなり、夜遅くまで街をフラフラしてすごした。やがてクラブ活動にも行かなくなった。

　ある日、学校の先生が、たいが君が変わったことに気づいて、どうしたのかとたずねた。たいが君が事情を話すと、先生はスクールカウンセラーを紹介してくれた。スクールカウンセラーは言った。

「じゃあ、私が一度お母さんと話をしてみるわね」

　スクールカウンセラーは、お母さんと面接をして、たいが君が恋人のことでどれだけつらく、さびしい思いをしているのかを伝えた。

　お母さんはそれを聞いて反省した。お母さんは、たいが君が新しい父親ができることをよろこんでいるとかんちがいしていたのだ。

お母さんは、たいが君とスクールカウンセラーにこう約束した。

「本当に結婚することが決まるまで、恋人を家に連れてくることはしない。その代わり、週に一度だけ恋人と外で会うことを許して」

たいが君は「わかった」と答えた。

お母さんは約束を守り、恋人ともいろいろと話し合ったようだ。恋人のほうも反省をし、二人でこう決めた。今すぐに再婚していっしょに住むことはしない。その代わり、子どもたちが無事に高校を卒業できたら、あらためて再婚を考える。

たいが君は弟と安心してすごすことができるようになった。


たいが君のお母さんは、家に恋人を連れてくるのを、子どもたちが「新しいお父さんができた」と思ってよろこんでくれていると思っていた。でも、スクールカウンセラーが間に入って、たいが君の本当の気持ちを説明したことで、家の環境がガラリと変わった。

親だからといって、かならずしも子どもの気持ちをわかっているわけではない。もし君が親に気持ちを伝えられないのならば、別のおとなに言ってもらうことで、状況は大きく変わるかもしれない。だからこそ、人に相談してみることが大切なんだ。

message 5

小学校教諭
S先生（仮名）

お父さんお母さんのことでなやむ君たちに

お父さんお母さんの仲が悪い。もしくは離婚して新しい生活がはじまった。そんなとき、すごく不安だよね。僕は小学校の先生になって十年くらい経つけど、そんななやみをかかえている子に何人も会ってきた。その子たちのなやみを、どんなふうに解決しようとしたか、一つの例を紹介したい。

僕が学校の先生になって二年目のときのこと。小学校五年生を受け持ったのだけど、その学年は荒れていて、前の年は学級崩壊が起きて、担任が四回変わったクラスがあった。その子はクラスのボス的な存在で、いじめの首謀者。学級崩壊を引き起こした張本人だった。

だけど、その子は「優等生」だった。明るくて成績優秀、スポーツも得意。子ども同士のときとおとなに対するときでまったくちがう顔を持っていて、おとなにシッポをつかませない。そんな女の子だった。

担任になった僕にできたことは、話を聞くことだけだった。クラスにはいじめが原因で不登校の子もいたから、不登校の子には「ムリして来なくてもいいけど、最近どう？」と連絡を取った。いじめている本人に対しては、悪いことをしている現場を見つけたら、二人きりになって「ああいうことをしちゃいけないってわかるよね？　どうしてしたのかな？」と聞いた。決してしからず、話を聞いて信頼関係を築くことに努めたんだ。

「お母さんが離婚して、新しいお父さんが来て妹が生まれて、家庭に居場所がないように感じる」、彼女がなやみを話してくれたのは、五年生の終わりころだった。でも話してくれてからの彼女は、すごく落ち着いた。

この女の子の話が象徴的だけど、さみしい心をかかえているとき、君たちは「さみしさを埋めたい」「だれかに自分を見てほしい」と思う。だからクラスメイトをいじめて支配しようとしたり、授業中に暴れたり、時にはものをぬすんだり、「してはいけない」ことをしてしまう。

誤解を恐れず言えば、僕は、それはしてもいいと思っている。殺人のような「絶対にダメなこと」はダメだけど、それ以外は学校でいろいろして、先生の目を引こうとしてくれたほうがいい。そうしてくれたら学校の先生は「あの子は何か問題をかかえているな」と気づくことができる。

実際、学校で人のものをぬすんだりお金を配ったりしているから「あれ？」と思って話を聞くうちに、お父さんとお母さんが離婚して、お母さんが五人の子どもを引き取って余裕《よゆう》がなくて子どもをかまえないでいる……ということがわかったこともあった。その子の場合は、児童相談所にも介入してもらって、なんとか解決法を探すことができた。

お父さんやお母さんがある日突然いなくなってしまう。優しかったお母さんが、ひとりで君たちを育てないといけなくなって、いつもイライラしている。そんなことが起きたら不安だし、悲しいのは当然だ。

その気持ちは我慢しなくていい。学校は勉強をするだけの場所じゃない。学校は、君たちがよりよい環境で育つための場所だ。だから悲しいことやつらいこと、不安なことがあったら相談してほしい。

担任の先生があまり好きじゃないときは、体育や音楽の先生でも、去年の担任の先生、クラブの顧問や校長先生でもいい。学年主任の先生でもいい。学校の先生は、みんなで君たちを見守っている。絶対に見捨てない。

さみしくて悲しくて、悪いことをして気を引きたい。学校では、そういう気持ちを爆発させていい。

そうしたら君がなやんでいることに先生が気づく。そして解決に向けて努力する。だから、学校では安心して自分の気持ちを爆発させてほしい。

CHAPTER 2

③

家庭内暴力

お母さんがお父さんに怒られる・なぐられる

「家庭内暴力」とは「ＤＶ」とも呼ばれていて、家族が家族に暴力をふるうことだ。親が子どもに対して手を上げることを「虐待《ぎゃくたい》」という。それに対して家庭内暴力は夫婦の間での暴力を意味することが多い。

　子どもにとって親同士のケンカは、胸が引きさかれそうなほどつらいものだよね。両親がどなり合って手を上げているのを見ているのは悲しいし、家族がどうなってしまうのか不安だ。見たくない光景が目の前でくりひろげられ、部屋のすみでちぢこまって、ケンカがおさまるのを待つことしかできない……。

　家庭内暴力は、お父さんがお母さんに暴力をふるうケースがほとんどだ（お母さんがお父さんに暴力をふるうケースもある）。場合によっては、お母さんが病院に運ばれるくらいの大ケガをすることもあるだろう。

　こういうときは、親せきや親の友人など、親のことを知っている人に相談するのが早くて確実だ。夫婦のことをわかっていれば、それをふまえて「暴力をふるうのをやめなさい」とか「家から逃げなさい」と言えるからだ。そして君のことを知っている彼らなら、すぐに動いてくれるだろう。

しかし、親せきや親の友人に相談することができないケースもあるよね。親せきが遠くに住んでいたり、親の友人の連絡先がわからなかったり。

そういう場合は、次のようなところが相談にのってくれる。

▼先生やスクールカウンセラー

先生やスクールカウンセラーは、暴力をふるわれているほうの親を呼んで面会をする。彼らに君がどんなこまった状況に置かれているかを説明してもらい、場合によっては児童相談所や警察に通報することをすすめる。

お父さんやお母さんには言ってほしくない…でも助けてほしいときは、そのことを伝えよう。お父さんお母さんには伝えないでくれるよ。

▼児童相談所　全国共通ダイヤル#189

児童相談所は、家庭内暴力を「面前ＤＶ」といって子どもに対する虐待の一つだと考えている。そのため、子どもが連絡をすればすぐにかけつけて、暴力を止めたり、今後二度と暴力をふるわないように約束をさせたりする。定期的な家庭訪問をすることもある。また、あまり暴力がひどい場合は引き離すこともある。

▼NPO

家庭内暴力の相談を受けているNPOはたくさんあるので、ネットで調べてほしい。「DV　相談」とか「家庭内暴力　NPO」と検索すれば出てくる。NPOの人は、君の話を聞いた上で、お母さんからも話を聞いて、どうするかをアドバイスするだろう。あまりにひどい場合は、児童相談所や警察とともに解決していくこともある。

▼警察や自治体

警察や市町村は、家庭内暴力の相談窓口を用意している。ネットで検索してもいいし、直接電話して話せば、窓口につないでくれる。警察や市が危険だと判断すれば、お母さんと君を施設に連れていって守ってくれる。

▼DV相談ナビ　0570-0-55210

NPO、警察、自治体、どこに連絡していいかわからないケースもあるだろう。そんな場合は、この番号に電話をかけてほしい。ここにかければ、地元の相談窓口につながるシステムになっている。本来は、お母さんがお父さんの暴力にこまって相談をする窓口だけど、子どもが電話をしてもちゃんと対応してくれる。

DVかもしれないときは？

こんなところにも
相談できるよ

① 先生やスクールカウンセラー

話しづらいときは、紙に伝えたいことを書いてわたそう

② 児童相談所（＃189）

おとなが通報する番号と思われがちだけど、子どもからの電話も待っているよ

③ NPO の相談窓口

「DV　相談　窓口　住んでいる地域」などで検索すると、近くの NPO や、該当地域の相談窓口がわかるよ。

④ 配偶者暴力相談支援センター

都道府県が設置している配偶者からの暴力全般に関する相談窓口。QR コードから内閣府作成の一覧が確認できる。

DV はだまって我慢していると、どんどんエスカレートする場合も。とにかく声をあげて、勇気を出して救いを求めてみよう。

お母さんだって暴力をふるわれるのはイヤだし、逃げたいと思っている。でも、「だれに助けを求めていいかわからない」「離婚したら子どもがかわいそう」「逃げてもお父さんが追いかけてくるかもしれない」などと考えて、逃げられずにいることがほとんどだ。

何年も暴力を受け続けると、感覚がマヒしてしまって逃げ出すことができなくなると言われている。これは子どもだって同じだ。その状況を受け入れてしまうんだ。でも、暴力を当たり前のことにしてはいけない。

君が家庭内暴力にたえられないと思ったら、いち早く親せき、学校、NPO、警察、市町村に相談することで、お母さんに逃げ道をつくってあげることもできる。君が声を出せば、それをきっかけに逃げることができるかもしれないからだ。

もしかしたら、君はこう不安に思っているかもしれない。相談したら、親から「(先生や警察に)言いつけただろ」と怒られるかもしれない、と。

でも、安心してほしい。その場合は、相談した相手に「僕が相談したと親には言わないでほしい」と言えばいい。そしたら、先生だって警察だって、児童相談所の人たちだって、うまく言葉をにごして君が相談したことはだまっていてくれるはずだ。子どもの安全を何よりも考えているからね。

君のもう一つの心配は、他人に相談することで、家族がバラバラになってしまうんじゃないかってことだろう。暴力をふるうお父さんと離れるのはいいけど、お母さんとまで離れることになってしまうのはイヤだ、と。

これについても、安心してほしい。家庭内暴力が原因で、お母さんと子どもが家から逃げ出した場合、市町村やNPO、民間団体などが設立、運営する**「母子生活支援施設」**や都道府県や社会福祉法人などが運営する**「婦人保護施設」**、あるいは**「民間シェルター」**といった施設に入ることもできる。

たとえば、母子生活支援施設は、マンションのような建物で、いくつもの家族が住めるようになっている。そこには家庭内暴力から家族を守る人たちがいて、お母さんと君はその家で暮らすことができる。もちろん、お父さんが怒って押しかけてきても、職員の人たちが止めてくれる。

母子生活支援施設では数カ月から数年間暮らすことができて、そこから学校へも通える。施設によっては、中に学童のような部屋もあって、ほかの同じような子どもと仲よくなることだってできるんだ。そして、問題が解決し、お母さんが仕事を見つけるなどして自立した生活をできるようになれば、施設を出て別のところで生活することになる。

おぼえておいてもらいたいのが、家庭内暴力は、お父さんとお母さんのケンカというだけではなく、君への虐待でもあるということだ。

家庭内暴力があれば、君はずっとつらい思いをしなければならないし、精神的にも生活環境的にも悪いことばかりだ。これが原因で心を病むことだってある。

両親の暴力は、子どもの力では止めることができない。だからこそ、親せきや親の友人にたよることができなければ、学校、市町村、児童相談所、NPO、警察に相談し、専門知識を持ったおとなに間に入ってもらうようにしよう。

それは、君の未来を守るためでもあるんだ。

家庭内暴力（DV）のチェックリスト

お父さんからお母さんへ、もしくはお母さんからお父さんへ
以下のような言動はありませんか？

まずは当てはまるか確認しよう

□ 何を言っても相手にせず無視する
□ ばかにしたりののしったりする
□「お前は何もできない」「お前は役に立たない」などと侮蔑《ぶべつ》する
□ 体や性格や考え方などを責め立てる
□ はずかしいと思うようなことを無理にやらせる
□ 手をついて謝らせたり、土下座《どげざ》させる
□ 家の外にしめ出す
□ 家の中に閉じこめる
□ 大切にしているものを、こわしたり捨てたりする
□ かわいがっているペットをいじめたり虐待する
□ なぐるそぶりや、ものを投げるそぶりをしておどす
□ 押し倒す
□ なぐる／ける
□ 顔や体を壁などに、強く押しつける
□ 胸ぐらや腕、肩などをつかむ
□ 首をしめる（しめようとする）
□ 髪の毛をひっぱったり、髪の毛をつかんでひきずりまわす
□ タバコの火を押しつけるなど、ヤケドさせる
□ 壁や床などにたたきつける。突き飛ばす
□ バット、ゴルフクラブ、ベルトなどでなぐる
□ 椅子やソファごと、ひっくり返す
□ いきなり突き飛ばす　つまずかせる
□ 腕をつかんでねじあげる
□ ものを投げつける
□ 水やお湯などをかける
□ 階段などから突き落とそうとする（突き落とそうとした）
□ 包丁などを突きつける　包丁などで切られた

一つでも当てはまれば家庭内暴力（DV）の可能性があるよ。

＊『ドメスティック・バイオレンス　サバイバーのためのハンドブック』
（原田恵理子編著・明石書店）を参考に抜粋

実際に電話をしてみました

本書で紹介している相談窓口にガイドの聖子が電話をしてみたよ！

①

24時間子供ＳＯＳダイヤルに電話してみました！

Q どこにつながる？

各都道府県の教育相談センター等（各都道府県ごとに異なる）です。「０３」の番号から問い合わせた場合、東京都の教育相談センターにつながります（携帯から連絡した場合は、オペレーターの人が該当の相談機関につないでくれます）。

Q なやみ相談のときに、名前や住所を聞かれますか？

最初は匿名《とくめい》でだいじょうぶです。お話ししていくうちにお名前や住所を聞くケースもありますが、イヤだったら名前や住所を言う必要はありません。

Q どんなことを聞いてもらえますか？

「24時間子供ＳＯＳダイヤル」はなやみをひとりでかかえこんでしまわないように、との思いからつくられました。「苦しい」「イヤだ」「こまる」「不安」などの気持ちをかかえているなら、どんな小さなことでもだいじょうぶです。話してください。

Q 電話をかけると何をしてもらえますか？

「24時間子供ＳＯＳダイヤル」は、「こまったこと」を聞いてもらえるダイヤルです。ですから、基本はお電話でみなさんの話をとにかく聞きます。「苦しいな」「嫌だな」「こまったな」「不安だな」という気持ちの理由や原因がわからないときもありますよね？そんな理由がわからないなやみ、不安を整理し、「なんでこまっているのか？」「なんでイヤなのか」をいっしょに考えます。

POINT

電話に出てくれる人はみんな優しいおとなだから安心してかけてみよう。話を聞いてくれるダイヤルなので、「なんだかわからないけどこまる」気持ちのときにかけるといいかも。「虐待されている、親が帰ってこないなどで、とにかくいますぐおとなに助けてほしい」、と目的がはっきりしているときは、＃189などのほうがオススメです！

子どもの人権１１０番に電話してみました！

Q どこにつながる？

法務局《ほうむきょく》・地方法務局の職員または人権擁護委員《じんけんようごいいん》につながります。人権擁護委員は、学校の先生を退職した人や、警察官だった人など、その地域で信頼されているおとなです。推薦《すいせん》があった人を、きちんと法務省が審査して任命《にんめい》しています。おじいさん、おばあさん世代が多いですが、年齢はさまざまです。

Q どんなことを聞いてもらえますか？

「子どもの人権110番」はいじめ、虐待、ネグレクトなど、子どもの基本的な人権が脅かされている場合に、相談にのるためのダイヤルです。学校や家のことでなやみごとがあるんだけど、おとなには言えない。そんなときにお電話をください。基本的にはどんなことでもお話を聞きます。

Q 電話をかけると何をしてもらえますか？

人権にかかわることで、介入したほうがいいと判断した場合は法務局の職員が動き、解決まで導くこともあります。電話をかけてきたあなたが、「ただ話を聞いてほしい」「だれか相談相手を紹介してほしい」など目的を持っている場合は、それに沿ったアドバイスをすることもあります。

POINT

こちらも匿名でだいじょうぶです。電話をすると出てくれるのは年齢が高めの人が多い印象です。私は３回かけて３回ともおばあちゃんだったよ！　優しそうな声のおばあちゃんだったので、話しやすい雰囲気はあるけど、年上の人なので、もしかしたら話しづらく感じちゃう子もいるかも。でも話してだいじょうぶです。虐待やいじめなどは、実はあなたの人権を侵害している「人権問題」でもあるんです。だから解決してほしいと伝えれば、法務局の職員が解決に乗り出してくれるケースもあります。

CHAPTER 2
④

虐待

お父さんお母さんなど
まわりのおとなに怒られる・たたかれる
ごはんや洋服をもらえない

虐待って何？

親が子どもに危害をくわえることを「虐待」という。虐待の防止機関が、各都道府県にある児童相談所だ。全国の児童相談所には、一年で十三万件以上の通報がある。

虐待は四つの種類に分けられる。

①身体的虐待：親が子どもに対して肉体的な暴力をふるうこと。
②性的虐待：親（きょうだい、親せき）が子どもに性的な行為をすること。
③育児放棄《ほうき》（ネグレクト）：親が子どもの世話をせずにほうっておくこと。
④心理的虐待：親が言葉などで子どもを否定し続けること。

なんで親は暴力をふるうのだろう。それは言葉できちんと言い聞かせることができなかったり、それをめんどうだと思ったりするからだ。自分の思いどおりにする一番手っ取り早い方法として、弱い子どもに暴力をふるってだまらせる。あるいは、子どもを自分の好きなようにあつかう。

すごく卑怯《ひきょう》だよね。でも、虐待をするおとなに限って、「子どものためを思ってのしつけだ」とか「言うことを聞かないからだ」ともっともらしいことを言う。

でも、これはまちがっている。

どんな理由があったとしても、**親が子どもに「日常的に暴力をふるう」「生活のめんどうをみない」というのは虐待にあたる**んだ。

なぜか。

虐待は、子どもに精神的にも肉体的にも、すごく悪い影響をあたえるからだ。

虐待を受けた子どもは、脳に大きなダメージを負ってしまったり、いろんな心の病にかかってしまう可能性が高くなる。

また、親からずっと「おまえなんて産まなければよかった」とか「うちにいらない」などと言われ続けることで、自分はダメな人間なんだという気持ちがふくらんでしまう。

外見にしたって、いつも同じ服を着なければならなかったり、虫歯を治してもらえなかったり、体にアザがついていたりということもある。

こうしたことが積み重なっていって　じょじょに生きづらさを感じるようになる。

学校の友だちとうまくつきあえなくなる。生きていたってしかたないと思って、何ごとにもやる気が出なくなる。私生活の乱れから学校を休みがちになる。人とぶつかる。万引きや夜歩きなどをするようになる……。

おそらく、この本を読んでいる人たちの中にも、そういう家庭で育った人はいるだろう。

もし君が親との関係に苦しんでいるのだとしたら、自分だけで問題をかかえないでほしい。**かならずおとなに相談してほしい**んだ。

おとなというのは、まわりにいる**親せき**でもいいし、**学校の先生**や**スクールカウンセラー**でもいい。友だちの親だってかまわない。君の親に対してしっかりとした意見を言える人がいいだろう。

ただ、近くにいるおとながあまり信用できないってこともあるよね。せっかく話をしても、ちゃんと聞いてくれなかったり、「君も悪いところがあるんだろ」と言ってきたりする人がいることもたしかだ。

そんなときは、児童相談所に連絡してほしい。

児童相談所

児童相談所というのは、子どもの問題を解決するための場所だ。障害児の支援をしたり、不登校や非行に関する相談にのったり、両親に問題をかかえた子どもたちを保護したりする。だから、何かこまったことがあれば、ここへ相談してみればいい。

そんな児童相談所の大きな役割の一つが、家庭の虐待から子どもたちを守ることだ。子どもが児童相談所のサポートを得る方法はいくつかある。

・子どもが自分で児童相談所に連絡する。
・学校や警察やＮＰＯなどに相談すれば、そこから児童相談所に通報がいく。
・まわりの人たちが虐待に気がついて児童相談所に通報する。

児童相談所には、子どものサポートの専門家である児童福祉司などがいる。彼らが家庭訪問をするなどして虐待があるかどうかを調べ、それが明らかになれば次のような処置をする。

①親に注意して虐待をやめさせる。
②ひどい虐待の場合は、問題が解決するまで子どもを保護する。

君は、児童相談所に連絡した後のことを心配に思うかもしれない。通報したことを親が怒って、何倍にもし返しされるかもしれない。あるいは、家族がバラバラになってしまうかもしれない、と。

安心してほしい。児童相談所の人たちは、**君がどうしたいかという話を聞いた上で、ベストの解決策を考えてくれる**はずだ。

君が家から出ていきたいと言えば、そういう方向で対応してくれるし、家にいたいから親の考え方を変えてほしいと言えば、そうしむけてくれるはずだ。

①の場合は、ただ言葉で注意して終わりというわけではない。

親のしていることが虐待であると見なした場合、親に対してどのように子どもに接するべきかを教え、必要であれば病院で治療を受けさせたり、児童相談所や市町村の職員が定期的に家にやってきて支援をしてくれたりする。その際は、再び虐待が行われていないかどうかをチェックする。

あるいは、家族の中の虐待をする人だけを引き離すこともある。

両親のうちお父さんだけが君に暴力をふるっている場合は、お父さんだけを別のところに住まわせる。あるいは、お母さんの恋人が君に暴力をふるっている家では、恋人だけを別のところに引っ越しさせる。そうやって、暴力をふるう親だけを引き離すケースもあるんだ。

②は、虐待があまりにひどく、君をすぐに家から引き離したほうがいいと判断され

職業図鑑

3

児童福祉司は
子どもとこまっている
親のミカタ！

児童福祉司

PROFESSION-8

児童福祉司は、児童相談所の職員です。こまっている子どもがどんな環境に置かれているかを調査したり、子どもや保護者の話を聞いて、医師や児童心理司などの専門家と協力しながら、問題を解決する方法を探します。

児童福祉司になるには、まず任用資格が必要。大学で心理学、教育学、社会学のいずれかの単位を取得して、卒業後に決められた福祉施設などで一年以上実務経験を積んだり、都道府県知事指定の養成機関を卒業するなど、いろいろな方法があります。その後、公務員試験に合格して児童相談所に配属されると、児童福祉司を名乗れます。長い道のりだけれど、それだけにたくさんの知識を持つ専門家であることは間違いないです。安心して相談できる存在です。

たときに行われる。

たとえば、暴力で君が大きなケガをしていたり、性的虐待を受けていたり、完全にほうっておかれて生活が成り立たなくなっていたりする場合だ。このままいけば、君の心や体や生命に危険があると判断されれば、あるいは君が家庭から離れることを望めば、施設へ移されることになる。

児童相談所に保護された直後に行くのは、**「一時保護所」**という施設だ。くわしくは後で説明するけど、君をここで保護している間、児童相談所の職員は親と話し合いをして、今後どうするかを決めていく。母親が父親と離婚して子どもを引き取ることを選んだり、暴力をふるう父親がつかまったりして、君の安全が保障されれば家に帰ることができる。

しかし、もし家に帰ったら、君がまた暴力を受ける可能性がある場合は、一時保護所よりもう少し長く滞在できる施設に移されることになる。これが**「児童養護施設」**だ。

児童養護施設には、おおむね二〜十八歳の子どもたちが暮らしているが、かならずしも高校を卒業するころまでいなければならない場所じゃない。親が面会に来てくれることもあれば（子どもが望まない場合は面会しなくていい）、週末だけ家に帰ることができることもある。もちろん、家庭の問題が落ち着いて、虐待が起こることはないだろうと判断された場合は、めでたく家に帰ることができる。

ここで、児童相談所によって助けられた人を二人紹介したい。

しゅんや君の場合

お母さんは、しゅんや君が一歳のときに離婚して、スナックで夜の仕事をしながら子育てをした。仕事の関係で、帰ってくるのはいつも明け方。恋人ができてからは帰ってこない日も増えた。

しゅんや君は毎日五百円を持たされてごはんを自分で買っていた。でも、四日も五日もお母さんが帰ってこないときはお金がなくなり、食べることができなくなる。電気や水道が止まってしまうこともたびたびだった。

そんなとき、しゅんや君は万引きするかどうかでなやんだ。万引きしてつかまりたくないけど、おなかが減ってどうしようもない……。

しゅんや君は思いきってスクールカウンセラーに相談した。

「お母さんが五日も帰ってこなくてごはんを食べられないんです。どうすればいいでしょうか」

スクールカウンセラーはいろいろと話を聞いた上で、育児放棄だと考えた。そしてこのままではしゅんや君がちゃんとした生活を送れないと判断し、児童相談所に連絡。児童相談所の人たちはしゅんや君と面接をし、一時保護所に連れていった。

一時保護所にしゅんや君がいる間、児童相談所の人たちはお母さんを呼んで事情を聞いた。お母さんは仕事が終わった後、つかれて恋人の家にとまっていたらしい。児童相談所の人は言った。

「家にはかならず一日一回帰ってきてください。どうしても帰れない場合は、しゅんや君をあずけるか、必要なごはんとお金を置いていきなさい。それができない場合は、しゅんや君は施設で暮らすことになります」

児童相談所の人たちは家庭訪問に来たり、しゅんや君に連絡をしたりして、お母さんがちゃんと生活しているかを見守った。お母さんも反省して、どんなに遅くても一日一回は帰ってくるようになった。

しゅんや君はちゃんとごはんを食べて、お母さんにも毎日会えるようになった。

あいさんの場合

あいさんのお父さんはお酒を飲むと、性格が荒っぽくなって暴力をふるった。毎日たくさんお酒を飲んで、お母さんやあいさんに手を上げたり、家のものをこわしたりした。近所の人が通報し、家に警察が来たこともあった。

ある日、お母さんがお父さんの暴力のせいで心の病気になってしまい、離婚して実家に帰ってしまった。家に取り残されたあいさんは、お父さんからこれまで以上に虐待を受けることになった。「家から出るな」と言われて外出もさせてもらえなかった。

あいさんは、このままでは殺されると思った。それでお父さんがいない間に、児童相談所の番号「#189」に電話をかけた。児童相談所の人がすぐにかけつけてくれて、保護してくれた。そしてお父さんを呼び出して言った。

「あなたのしていることは虐待です。家にもどすことはできません。これからは別々に暮らしてもらいます」

児童相談所の人は、あいさんに「これからどうやって暮らしたいか」とたずねた。もし行くところがどこもなければ、施設で暮らすという選択肢も示した。あいさんは答えた。

「お母さんといっしょに住みたい」

調べてみると、お母さんはまだ心の病気が治っていなかった。そこであいさんは児童相談所の一時保護所で少しだけ生活し、お母さんの病気が回復してから、お母さんの実家へ行くことになった。

こうしてあいさんはお父さんのもとを離れて、お母さんと暮らすことができるようになった。

この二人の体験からわかるように、児童相談所は君のイヤがることをするわけじゃない。

子どもからの相談や、近所の人の通報を受けてから、君を保護して何が起きているのかをたしかめる。そして、君がどうしたいか、どうするのが一番いいのかということを話し合いながら解決に向けて動くんだ。

もちろん、児童相談所に相談するのは勇気がいるよね。でも、一年に十三万人もの人が通報していると考えれば、相談するハードルは下がるんじゃないだろうか。君が電話したところで、十三万件のうちの一件なんだから。

もし自分で児童相談所に電話やメールをする勇気がなければ、学校の先生やスクールカウンセラーに相談してみてほしい。きっとどうすればいいかをいっしょになって考えてくれるはずだから。

これは、性的虐待を受けている子も同じだ。性的虐待はなかなかまわりの人に打ち明けにくい。はずかしいし、思い出したくないし、うわさが広まってしまうんじゃないかっていう不安があるだろう。

でも、だまっていれば、ずっとそれが続いて、君の心はいつかこわれてしまう。児童相談所には、性的虐待にくわしい女性の職員がいる。警察にだって、そういう女性の警察官がいる。スクールカウンセラーだって専門の勉強をしてきた人たちだ。彼らは、おおぜいの性的虐待を受けた子どもたちの問題を解決してきた。きっと君の心の痛みをわかってくれるし、最後まで君を守ってくれるはずだ。

虐待は家庭の中での出来事なので、君が外の人に話をしなければ、なかなか人はわかってくれない。

でも、まわりにいる専門知識を持った人たちに相談すれば、かならず助けてくれる。だからこそ、勇気をふりしぼってSOSを出してほしいんだ。

施設

児童相談所に助けを求めると、施設へ連れていかれてしまうのではないか。そんなふうにおそれている人もいるだろう。

ここでは、君が不安にならないよう、児童相談所がどのような方法で君を守り、施設がどんなところかを説明したい。

そもそも児童相談所は、子どもは親と暮らすのが一番だと考えている。だから、よほどひどい虐待でないかぎりは、君と親を引き離すことはない。また、親せきがいる場合は、親せきにあずかってもらうなどの選択をすることになる。お父さんだけを引き離して、お母さんと暮らすこともある。

ところが、あまりに虐待がひどい場合には、ひとまず君の安全を守るために「一時保護所」と呼ばれる施設に移ることになる。

一時保護所は、児童相談所が運営する施設だ。

ここには家庭から保護されてきた子どもたちがたくさん暮らしている。世話係の職員のほか、看護師さん、お医者さん、栄養士さんなんかがいて、君の心や体、それに食事までのめんどうをみてくれる。

一時保護所でのスケジュールは図のとおりだ。

幼児の場合

7：00
起床　朝食
自由遊び

10：00
おやつ

12：00
昼食
お昼寝

15：00
おやつ
入浴
グループ活動
自由遊び

18：00
夕食

20：00
就寝

小学生以上の場合

7：00
起床　朝食
学習または運動

12：00
昼食
学習または運動

15：00
おやつ
そうじ
入浴

18：00
夕食
一日のまとめ

21：30
就寝

出所：東京都児童相談センター・児童相談所 HP
http://www.fukushihoken.metro.tokyo.jp/jicen/ji_annai/annai.html

一時保護所にいる間は、小学校や中学校に行くことができない。その代わり、この中で勉強を教えてもらったり、運動の時間があったりする。服など生活に必要なものはすべて無料でくれることになっている。

とはいえ、一時保護所は「一時」とつくだけあって、長くいる場所ではない。長くても二カ月と決まっていて、短ければ数日で出ることになる。あくまでも、とりあえず子どもを置いておく場所なんだ。

もし家にもどすのが危険な状態であり、しばらくは施設でおとなのサポートを受けながら平穏に暮らすほうがいいと判断された場合、今度は三つの行き場所がある。

① 親せきなど**引き取ってくれる家族**のもとへ行く。
② **児童養護施設**へ行く。
③ **里親**のところへ行く。

①君の親せきの中にきちんとしたおとながいて、引き取ってくれることになれば、君はそこへ行くことになるだろう。しかし、そういうおとながいなければ、児童養護施設や里親のもとで一定の間暮らすことになる。

②の児童養護施設は二〜十八歳（二十歳まで延長できる）の子どもたちがいる場所だ（二歳にならない赤ん坊は「乳児院」に行く）。

施設によって大きさはちがって、何十人もの子どもが生活してるところもあれば、四、五人の子どもが家のようなところで施設の職員と共同生活をするところもある。今は、どちらかといえば、小規模の施設のほうが増えている。

住んでいるのは、家庭に事情があって家で暮らすことができない子どもたちばかりだ。虐待で保護された子どももいれば、親が病気だったり、死んでしまったりして家にいられなくなった子どももいる。

児童養護施設は、一時保護所よりいろんな点で自由だ。小学校や中学校へは行けるし、放課後は部活をしたり、遊びに出かけたり、あるいは施設の中に友だちを呼んだりすることもできる。

施設には、たくさんのゲームがあったり、公園のような庭があったりする。スタッフがそばにいて何かあれば相談にのってくれる。おかしだって毎日出してもらえる。そのほか、夏休みにはみんなでキャンプに出かけたり、土日に映画や音楽ライブに行ったりすることもある。ある施設には、毎年おすもうさんや野球選手が遊びにくることになっている。クリスマスやお正月のほか、誕生日にはそれぞれパーティーが開かれる。

また、君の心の問題もちゃんとケアしてくれる。職員がつねに相談にのってくれるし、必要であればカウンセラーの人が話を聞いてくれる。悲しい過去、人間関係の問題、将来への不安など、なんでも親身になって考えてくれる。

施設の職員たちは、君たちが本当は家族といっしょにいたいと思っていることをわかっている。君たちがどんなに明るくふるまっていても、心の底で悲しんでいることを知っているんだ。だから、施設をふつうの家庭以上の楽しい場所にしようとしてくれている。

③の里親は、少人数制の施設よりもさらに人数が少ない。里親と呼ばれる夫婦がいて、その人の家で暮らすんだ。

この里親はこれまで何度も君のような子どもを引き取って育ててきた経験がある人がほとんどだ。君はその人の家に住み、そこから学校へ行ったり、アルバイトへ行ったりすることになる。里親によっては、君のほかにもう一人、二人、君と同じような子どもを引き取っていることもある。

施設に行くのか、里親のところに行くのかは、子どもたちが選ぶことができる。施設には幼稚園児や小学生もいるから、十六、七歳の高校生にとっては「うるさい子どもたちといっしょに暮らしたくない」と思う人もいるだろう。あるいは、集団生活が苦手という人もいるはずだ。

そんな子どもは施設より、里親のもとで生活することを望む傾向が強い。里親に空きがあって、児童相談所の人たちも里親のほうがいいだろうと考えれば、君は施設ではなく、里親の家に身を寄せることができる。

君はこう思うかもしれないね。

「施設や里親のもとで一定期間だけ生活するのはいいけど、ずっとそこにいなければならないのだろうか」

児童相談所の人たちは、君がそれを希望し、家庭環境が整えば、もう一度家に帰してあげたいと考えている。

だから、施設や里親と暮らしていても、できるかぎり君と親との面会の時間をつくってくれる（逆に、もし君が「親には会いたくない」と言えば、ムリに会わせるようなことはしない）。

そして、親がちゃんと子育てをできるようになったり、かかえている問題がなくなったりして、児童相談所の人たちが「子どもをもどしても安全だ」と考えれば、君は家に帰って親とすごすことが可能だ。

反対に、いつまでたっても親の問題がなくならないこともある。親の病気が治らなかったり、面会してもすぐにケンカになってしまったり。そんな場合、児童相談所の人たちは「帰したら子どもが危険だ」と考えて、家にもどすことができなくなる。

でも、それで君の人生がダメになるわけじゃない。

施設は君がちゃんと高校を出るまで生活のめんどうをみてくれるし、大学へ行きたければ奨学金を見つけてきてくれたり、二十歳まで施設にいさせてくれたりする。そして、施設を出た後も、つねに親代わりとなって心配して連絡をくれたりする。一生にわたって、君のことをサポートしてくれるんだ。

次は施設に入って救われた例だ。

あやかさんの場合

お母さんは、あやかさんが六歳のときに心の病気になって離婚し、実家に帰ってしまった。そのため、あやかさんと妹は、お父さんによって育てられた。

お父さんは静かな人だったが、あやかさんが七歳のときに仕事を失って、お酒を飲むようになってから人が変わった。昼間からよっぱらってはあやかさんや妹に暴力をふるうようになったのだ。

あやかさんはたたかれるのがイヤで、学校の保健の先生に相談した。先生は児童相談所へ連絡。あやかさんと妹は保護され、児童養護施設に移ることになった。

児童養護施設には十五人くらいの子どもたちが生活していた。あやかさんと妹は、お父さんの暴力はイヤだったけど、できるなら家で暮らしたほうがいいと思っていた。

施設の職員はそんなあやかさんの希望を聞いて、お父さんに週に一回面会に来てもらった。そこできちんと暴力をふるったことを謝ってもらい、仕事を見つけ、お酒をやめるように言った。お父さんもできることなら子どもたちと住みたかったので、約束を守った。

お父さんは月に一回、施設にあるワンルームの部屋に一晩とまり、あやかさんと妹と三人ですごした。施設の中で「虐待をしないで生活する練習」をしたのだ。

三カ月やって虐待しなければ、今度は一回に二日間とまるようになった。それで虐待をしなければ、今度は一回に三日間とまってみる。そうやって少しずつ日数をのばし、お父さんが虐待をしないとなったら、今度はあやかさんと妹がお父さんの家で一日をすごしてみる。次に二日間をすごしてみる。そうやって少しずつのばしていった。

二年後には、お父さんはしっかり仕事をし、お酒も飲まず、虐待をしないようになった。それで児童相談所と施設は、あやかさんと妹が家で暮らすことを許した。あやかさんは中学に上がる前に家にもどることができたのだ。

このように施設に入ることになっても、きょうだいがいれば同じ施設にしてくれる。それに君が親と暮らしたいと考え、親も同じように考えていれば、児童相談所や施設が安全に暮らせるように手伝いをしてくれる。

一方で、子どもたちの中には、二度と親の近くにいたくないと思って、ずっと施設にいることを望む子もいる。ある女の子は、暴力団員の親の家にもどることをイヤがって、成人するまで施設にいたいと希望した。そして、施設の職員をお兄さんのように慕《した》って楽しくすごした。

大学生になって施設を出てからも、彼女は施設に来てはボランティアをしたり、子どもたちと遊んだりした。そして、卒業してからは、その施設の職員として働くことになった。自分が子どものころに守ってもらったように、ほかの子どもを守りたいと考えたのだという。

もし君が親の暴力にさらされているなら、まずはそこから逃げて、しっかりとしたおとなに助けてもらうべきだ。そのおとなは、君にいろんな道を示してくれるだろう。

もう一度、親と暮らしたいのか。

施設でおとなになるまで守ってもらいたいのか。

施設と家を行き来しながら、どうするか考えていきたいのか。

君には君の考え方があるし、すぐには答えが出ないにちがいない。だからこそ、君はその時々に思ったことを話して、児童相談所や施設の人たちと時間をかけて問題を解決すればいい。きっと、彼らは君のことを一番に考えながら、どんな相談にものってくれるはずだ。

message 6
児童養護施設の方に、お話を聞いてきました！

児童養護施設はこんなところです

今からお話しすることは、すべての児童養護施設に共通していることもあるし、私が働いている児童養護施設だけのこともあるかもしれません。でも、多くの児童養護施設ではおおむねこんなことが行われていて、働いている人はこんなふうに考えていると受け止めてもらったらいいと思います。

まず、児童養護施設はどんなところだと思いますか？　赤ちゃんから十八歳くらいの大きな子どもまで、みんなが集団生活をしているところ？　たしかに児童養護施設は、二歳から十八歳までの子どもたちをあずかるところなのですが（注：一歳であずかることもあるし、十八歳以上でも高校三年生なら在籍しています）、最近は「ユニット化」が進んでいて、同じ年ごろの子二〜四人くらいの個室になっています。なかには一人の個室ということもあるでしょう。

ちなみに私の施設では、年齢別、男女別でフロアや部屋が分かれているので、おフロやトイレを男女で共有することはありません（男女いっしょのユニットになっているところもあります）。最近では食堂で食事をするスタイルは珍しくなってきました。ユニットごと、もしくはいくつかのユニットが集まって（それでも多くても十人未満でしょうか）、台所で配膳をして、食事をします。各フロアに職員がいて、夜間の当直もしているので、つねにおとながいる環境です。

入所している子どもたちは、朝起きると朝ごはんを食べて、児童養護施設から学校へ通います。そして学校が終わると施設にもどり、宿題をしたり、夕ごはんを食べたり、おフロに入ったりして自分の部屋でねむります。おやつも出るし、おこづかいで必要なもの、ほしいものを買うこともできます。ふつうですよね？　ふつうではないことがあるとすれば、たとえば部屋は少人数の個室ですが冷蔵庫などは共用なので、自分の食べ物には名前を書く場合もあります。

勉強面でも、最近では先生を招いて、学習支援をしてもらう児童養護施設もあるんですよ。

では、どんな子が児童養護施設で暮らしているかというと、多くが虐待を受けてきた子です。虐待には大きく分けて四つの種類があります。ネグレクト（育児放棄）、心理的虐待（暴言など）、身体的虐待（暴力）、性的虐待ですが、子どもによっては一つだけでなく、いくつもの虐待を受けている子どももいます。「虐待の可能性がある」と児童相談所に通報が行くと児童相談所の職員が事実を確かめ、危険だと判断すると家族と引き離す処置をとります。通常は一時保護所へいったん入り、必要であると判断されれば児童養護施設に行くことになります。

児童養護施設について、子どもの多くは行くことを迷います。

私も、あなたたち子どもを児童養護施設であずかることは、簡単に判断すべきではないと思います。児童養護施設に行くということは、それまでの自分の人生といったん分断されてしまうこと、住む場所や学校が変わり、友だちなどと分断されてしまうことが多いからです。

でも、私はそれでも「児童養護施設に来てよかった」と感じる子どもは多いということも、同時にお伝えしたいと思います。たとえばお父さん、お母さんや、お父さんお母さんの恋人があなたをなぐる、ののしる、おフロに入れてくれない、洗濯をしてくれない、ごはんを食べさせてくれない、ねむらせてくれない、家に何日も帰ってこない……そんなことがあるとしたら、児童養護施設は、それらのことからはあなたを守れます。温かい食事、きれいなふとんや衣類、規則正しい生活が児童養護施設にはあります。ゆっくりねむって清潔な服で学校に行き、勉強がわからなければ施設に帰ってきて個別的な支援を受けることもできます。これは、あなたたち子どもにとって、とても大事なことなんです。

今、あなたは「だれも自分の話を聞いてくれない」「自分はバカで汚くて生きている価値がない」と思っているかもしれません。でもそれは、日常の生活をちょっと変えることで改善したりもするんです。きちんと食べてねむるって、すごく大切なことで、児童養護施設はそれを用意できるんですよ。

そして児童養護施設では、いったん離れたお父さん、お母さんなど、保護者の方と連絡を取って、定期的に面談したり、お出かけしたりすることもサポートしています。離れて暮らしながら、親子としてもう一度仲直りしていくこともできるんです。

現実には、子どものあなたがたから「児童養護施設に行きたい！」と言うことはまれかもしれません。でも、児童養護施設が悪い場所、こわい場所のように思って、「行かされるとイヤだから、だれにも相談しないで我慢しよう」と思わないでください。

繰り返しますが、児童相談所のおとなたちが「あなたは児童養護施設に行ったほうがいい」と言う場合、それは本当に行ったほうがいい状態なんです。つまり、あなたは家で相当ひどい目にあっているんです。

ですから、もし「児童養護施設」という選択肢が出てきてもおびえないでください。そして今、家にいるのがつらいなら、学校の先生をはじめとして、だれでもいいので信頼できるまわりのおとな、もしくは児童相談所に直接相談してみてください。

私たち児童養護施設で働いているおとなは、保護されてきたあなたたちの力になりたいと思っています。あなたたちが人間や世界に対する信頼をもって、自分はダメな子どもと思わないで、自分自身に価値があることを知ってほしいと思っています。そのためにいろいろな支援を用意していきます。だから安心して、こわがらないで周囲のおとなや児童相談所に助けを求めてください。

これって虐待かな？ と思ったら

ただ単に自分が悪くてしかられているのか、しつけなのか、それとも虐待なのか。
わからないときはこのチェックリストを使ってみよう。

保護者（お父さんお母さんやいっしょに住むおとな）が…

☐ アルコールや薬物で中毒状態にある
もしくは、アルコールや薬物を無理にすすめてくる
☐ 親同士、同居しているおとな同士で暴力がある
☐ 親ではないおとな（お父さんお母さんの恋人や祖父母、親せきなど）が同居していて、その人に暴力をふるわれたり、ののしられたりする
☐ ごはんをくれなくて、毎日おなかがすいている
☐「かわいくない」「みにくい」など傷つくことを言う
☐ ほかの兄弟ばかりをかわいがって、差別する
☐「しつけ」と称して、暴力をふるう
☐「お前はバカだ」「生きる価値がない」など子どもをののしる
☐ 出かけたまま帰ってこないで、子どもだけで留守番をしている
☐ 自分の話やお願いを無視する。まるで存在しないようにあつかわれる
☐ ケガや病気でも病院に連れていってもらえない。看病してもらえない
小さな兄弟姉妹がおむつを替えてもらえないなど、放置される
☐ 夜ねむらせてもらえず、昼夜逆転して学校に行けない

家が…

☐ 家の電気やガス、水道が止まっているなど、生命の危機がある
☐ 家中ゴミだらけだったり、シラミがわいていたり、
きれいな服を着せてもらえない
☐ 近所の人や親せきなど、保護者以外のおとなと交流がまったくない

神奈川県中央児童相談所の「早期発見のためのチェックリスト」を参考に、わかりやすい言葉に直したよ。チェックリストにあることは、どれか一つでも当てはまっていたら、虐待の可能性が高いよ。勇気を出して、学校の先生や児童相談所（＃189）に相談してみよう。

参考：早期発見のためのチェックリスト
神奈川県中央児童相談所
http://www.pref.kanagawa.jp/docs/w6j/gyakutaitaisakusienka/soukihakken.html

実際に電話をしてみました

#189は電話をするとどうなるの？

②

#189（児童虐待通報ダイヤル）に電話してみました！

Q どこにつながる？

固定電話からかけると、管轄《かんかつ》の児童相談所の職員につながります。児童相談所の職員は男性も女性もいます。みんな子どものなやみの解決のプロなので、安心して話してだいじょうぶです。携帯電話からだとコールセンターの職員につながって、適切な児童相談所へとつないでくれます。公衆電話の場合、ガイダンスがはじまるので、ガイダンスに沿って話してください。

Q なやみ相談のときに、名前や住所を聞かれますか？

匿名でもだいじょうぶですが、もしあなたが虐待されていて「助けてください」という電話の場合は、どうしてもお名前が必要です。

Q どんなことを聞いてもらえますか？

「虐待」についての相談、通報を受けています。虐待かどうか自信がなくても、毎日何時間もどなられたり、何をしてもしかられたりしてつらい。ごはんをもらえない。おフロに入らせてもらえない。なぐられて痛い。友だちが毎日どこかケガをしている。など、こまったことがあれば電話をください。里親、育児のなやみなども相談にのれるので、子どもを虐待しそうなお父さんお母さんも連絡をください。

Q 電話をかけると何をしてもらえますか？

まず何にこまっているか確認します。そのこまっていることが緊急を要すると判断したら、48時間以内に会いにいきます。急がないと生死にかかわると判断した場合は、夜中でも最短でかけつけるので、緊急のときは「こまっているからすぐ助けて」とうったえてください。

POINT

とても親切な人が電話に出ます。こわがらないで、「なぐられて痛い」「怒られてこわい」と言ってみて。子どもが電話しても信じてくれないと思うかもしれないけど、そんなことはないそうです。「何をされていて」「どうしたいか（今すぐ助けてほしい）」など、気持ちを正直に伝えよう。

Let's go!!

CHAPTER

3

「体」のなやみ

小学校高学年くらいから、男の子も女の子も体が変化したり、
だれかを好きになったりする。それは全然変なことじゃない。ふつうのことだけど、
親や学校の先生には相談しづらいよね。
中高生になると、恋愛の結果、もしかすると妊娠《にんしん》？
ということも起きるかもしれない。
そんなとき、どうしたらいいと思う？

CHAPTER 3
1

外見のなやみ

みんなとちがう……もしかして病気かな？

思春期は、子どもからおとなへと成長していく途中の段階だ。体や心のさまざまなものが変わっていくため、性についてもなやむようになる。自分の体への違和感、異性への恋心や嫌悪感、自分の性への疑問……。

よくあるのは次のようなものだろう。

・同級生より体の成長が遅い（成長の速度はバラバラだ）。
・マスターベーションがやめられない（大半の男子がそう）。
・陰毛が生えない（そういう体質もある）。
・左右の胸の形や大きさがちがう（ピッタリ同じな人はいない）。
・体中に体毛が生えている（人によって毛深さはちがう）。
・生理が来たり、来なかったりする（人によってバラバラ）。
・男性なのに母乳が出る（男性にも乳せんはある）。

・乳首が三つある（副乳というものがある）。
・性器の形がおかしい（みんな形はちがうもの）。

こうした体のなやみは、多かれ少なかれほぼすべての人がかかえているよね。人によって体の成長はまちまちだ。毛深い人もいれば、ほとんどない人もいる。生理がちゃんと来る人もいれば、不定期の人もいる。でも、ひとりで考えてもなかなか解決することはできない。

体のことについてわからないことがあれば、同級生ではなく、おとなの人に相談してみることだ。はずかしいなんて思う必要はない。だれだって何かしらのなやみは持っているし、おとなになってからも体のことではなやみ続けるものなんだ。たいていのことは、おとなに聞けば解決してしまうものだ。では、だれに相談すればいいだろう。

君のまわりで相談にのってくれるのは、学校の先生（保健の先生、スクールカウンセラーに相談してもいい）だ。彼らは思春期の体のことについて勉強をしているし、ちゃんとしたアドバイスをくれるだろう。

直接言うのがはずかしいと思ったら、手紙にして先生に送ってみるっていう手もある。先生はきちんとそれを受け取り、君がなやんでいることを解決してくれるはずだ。ただ、学校の先生とは仲よくないとか、相談しても親身になってくれない場合もあるかもしれない。そんなときは次のところに連絡してほしい。

▼保健所・保健センター

都道府県や市町村には、保健所・保健センターがある。保健所・保健センターは地域の人々の健康を支える機関だ。

ここでは、地域の人に対する相談窓口を電話やメールなどで用意している。「保健所【地域名】」と検索すれば出てくるはずだ。そこへ連絡すれば、保健師などプロの人が出てきてくれて、君の相談にのってくれるし、どうすれば君のなやみを解決できるかを教えてくれるだろう。

ほかにも市町村は、地域の子どものために相談窓口をつくっている。「体　相談　【地域名】」とか「性　相談　【地域名】」と検索してみれば、いくつか出てくる。

こうした相談窓口は、市町村が直接やっている場合もあれば、地元のNPOにまかせている場合もある。どちらにしても、連絡をすれば、保健師や看護師など専門の知識を持っている人が出てきて相談にのってくれることになる。

保健所にせよ、市町村の相談窓口にせよ、いいのは顔を合わせずに話ができることだ。はずかしいという気持ちがあるなら、こういうところに電話やメールで問い合わせてみるのもいいと思う。きちんとした答えが返ってくるだろう。

ちなみに、性のなやみだと、インターネットの質問サイトに書きこんで意見をもとめる人がいる。これはできるだけやめたほうがいい。

インターネットのかぎられた文字数で、君のなやみが正確に伝わっていない可能性があるし、答えを書きこむのはプロではない人だ。思春期の子どもの体についてくわしく知らないということだってあり得る。

たとえば、こんなことがあった。

たくと君の場合

ある日、たくと君は自分の性器にブツブツがあるのに気がついた。病気かと思ってインターネットの知恵袋で相談したところ、こんな回答があった。

「それはコンジローマという病気です。手術を受けることになります」

こわくなってインターネットで検索してみると、ひどい場合はレーザーで焼き切るなどしてブツブツを取らなければ、どんどん増えていくと書いてあった。

なんでこんなことになってしまったのか。たくと君は不安になったが、母子家庭でお父さんがおらず、女性であるお母さんには言うことができなかった。

そこでたくと君は勇気を出して、保健所の相談窓口にどうすればいいかたずねてみた。すると、保健師からこう言われた。

「セックスしたことがないなら、コンジローマではなく、フォアダイスというものかもしれません。こちらは病気ではなく、おとなの男性の半分以上に見られるものです。保健所に来てみてください」

たくと君は保健所に行ってみてもらうことにした。そしたら、やはりコンジローマという病気ではなく、無害なフォアダイスというものだということがわかった。

今、たくと君は安心して暮らしている。

保健所では体の相談だけでなく、病気の検査を無料で行っているところもある。

体のなやみはプロに聞かなければわからない。だからこそ、プロにたずねる必要があるんだ。もちろん、病院のお医者さんにみてもらうのだっていい。自分で勝手に調べるのではなく、正確な情報をくれる人に聞くことを心がけよう。

性感染症

人が愛し合ってセックスをしたいと思うのは当然だ。でも、気をつけなければならないことがある。セックスによってうつる病気があるということだ。

コンドームをつけていても感染を防げるものと、そうでないものがある。また、性感染症ではないけど、性器に発生する病気もある。主なものをあげよう。

主な性感染症

淋病｜りんびょう ▶ 男性はペニスから白いうみが出て痛みがあったり、女性はおりものが急に増えたりする。のどにうつってカゼに似た症状が出る場合もある。

クラミジア（ノドの感染も含む） ▶ 男性は尿道がかゆくなったり、痛みが出たりする。女性はおりものが多くなる。症状が軽いからといって、ほうっておくと不妊症になる可能性もある。

性器ヘルペス ▶ イボのようなものができて痛みやかゆみをともなう。性器以外にも口や手などにうつることもある。

コンジローマ ▶ 性器やそのまわりにブツブツができる。痛みやかゆみはあまりないが、ほうっておくとどんどん増えていって、人にもうつる。

HIV｜エイチアイブイ ▶ 感染してすぐは症状が出ない。何年かすると、体の免疫力がどんどん下がっていっていろんな病気にかかり、死んでしまうこともある。一度感染すると、ずっと薬を飲み続けなければならない。

雑菌性尿道炎｜ざっきんせいにょうどうえん ▶ バイキンが性器に入って炎症が起きる。おしっこをするときに痛みがある。セックスをしなくても、不潔にしているとかかることがある。

カンジダ ▶ 女の子に多い病気で、性器が赤くはれてかゆみが起こる。セックスの経験がなくてもかかる病気。

トリコモナス ▶ 女の子のほうが強い症状が出る。おりものが増えてかゆみが出る。セックスをしなくても、服やタオルなどから感染することもある。

主なものを紹介したけど、これ以外にもいろいろな病気がある。

性器に病気の症状があらわれると、たいがいの人は病院に行かないでインターネットで相談したり、ドラッグストアにある薬で治療をしたりしようとする。

でも、これだけは忘れないでほしい。

多くの性感染症はほうっておいたら治らない。ドラッグストアで売っている薬でも治らない。症状がなくなって治ったと思っても、体の中にひそんでいるだけで、また再発する。

しかも、そのままにしておくと、将来子どもが産めなくなってしまったり、時には死にいたる病気もあるんだ。

そして君がなんの病気にかかっているかは、検査をしなければわからない。お医者さんでさえ、検査をしなければわからないんだ。まして、インターネットを見るだけでは、何もわからない。

性感染症になっているかもしれないと思ったとき、君が相談に行くのは次のどちらかだ。

保健所・保健センター

病院

保健所・保健センターには性感染症に関する相談窓口もある。また、性感染症の検査も定期的に行っていて、なかには無料のものもある。

病院では、「性病科」「婦人科」「泌尿器科」「皮膚科」でみてもらうことだ。あらかじめ病院に電話して症状を伝え、みてもらえるかどうか聞いてみてもいいと思う。

僕としては、こういう順序で相談してみてほしい。

① 学校の保健室の先生か、保健所・保健センターの相談窓口。
② その指示にしたがって、保健所や病院で検査。
③ 治す必要があるとしたら治療を受ける。

自分が病気かもしれないと思うのは不安だよね。治療を受けることもこわいだろう。親に怒られるかもしれないという思いもあるかもしれない。

でも、ほうっておいてどんどん悪くなるほうが、君にとってよくないことだ。保健所・保健センターで相談したことがまわりに知られることはない。相談だけなら名前を出さなくてもいいし、検査によっては本名を名乗らなくても受けられるものもある。

君の体を守れるのは君だけだ。自分自身のためにしっかりと治してほしい。

CHAPTER 3
2

妊娠

もしかして、妊娠したかも…？

男女のセックスは子どもをつくるための行為だ。だから、セックスをすれば、妊娠する可能性はつねにある。

妊娠、出産というのは、子どもを育てることに対する責任がつきまとう。経済的に自立し、家族ときちんと子育てができる環境がなければ、子育てはとてもたいへんなものになってしまう。

もちろん、出産がいけないということではない。だけど、産んだら、約二十年間子どものことを見ていかなくてはならない。君はその責任を負うことになる。

だからこそ、子どもを産んで育てたいと思っていないのなら、きちんと「避妊《ひにん》」をするようにしよう。

どんな避妊も百パーセントではない。

コンドームを使っても、八十五パーセントほどの成功率しかない。逆に言えば、十五パーセントは失敗するということだ。実際、僕の大学時代の同級生も、コンドームをつけていたのに妊娠し、大学卒業の年に結婚することにした（今では二人の子どもにめぐまれて、幸せになっている）。

望まない妊娠をしてしまった場合、一つの選択肢として**人工中絶**がある。中絶とは、おなかにいる赤ちゃんを手術によって取りのぞくことだ。

病院の「産婦人科」や「レディースクリニック」で、中絶手術を受けることができる。病院や妊娠してからの期間にもよるけど、おおよそ十万〜二十万円くらいで行われている。どの病院でもやっているわけではないので、きちんと確認してから病院へ行くべきだ。

中絶すると決めたなら急いで病院へ行ってほしい。なぜならば、中絶には可能な期間が決まっているからだ。

多くの病院で安全に中絶ができるとされている初期中絶は、妊娠十二週まで。つまり妊娠してから三カ月以内に中絶手術を受けなければならないということだ。

それ以降から二十二週までの中絶は、中期中絶といって危険がつきまとう。大きな病院でないかぎり、十二週までの中絶手術は引き受けても、十二〜二十二週の中期中絶は拒否される。母親の命にかかわるため、お医者さんがイヤがるんだ。

二十二週をすぎてからの中絶は、法律的に禁止されている。それ以降は原則的に認められていない。

十代の女の子にとって最大の心配は、「親にバレないか」ということだよね。

法律の上では、親の同意がなくても、中絶手術を受けることはできるとされている。でも、ほとんどの病院は中学生や高校生に対しては、親の同意がなければ受け付けていない。手術で事故が起きた場合、病院は責任を負うことができないからだ。

だからもし君が中高生だったら、親にきちんと事実を話して同意を得る必要がある。もし自分で言う勇気がないのならば、友だちや学校の先生、あるいはお姉さんやお兄さんに相談してもいいと思う。

ただ、環境によっては、親やきょうだい、学校の先生に言えない場合もあるよね。そんなときは、妊娠相談をしている窓口に連絡するのが一番だ。窓口は大きく二つある。

▼全国にんしんSOSネットワークで地域の妊娠相談窓口を探す

たとえば、東京都は「妊娠相談ほっとライン」というのをやっているし、大阪府は「にんしんSOS」、福岡県は「にんしんSOS福岡」という窓口を持っている。自治体が運営しているケースもあれば、病院やNPOにたのんでいるケースもある。

こうした相談窓口をまとめているのが「全国妊娠SOSネットワーク」だ。ここのホームページを見るか、問い合わせるかして、地元の相談窓口がどこにあるかを調べて連絡してみよう。

そうすれば、君の置かれている環境を聞いた上で、どうすればいいのかを教えてくれるはずだ。

▼NPOの妊娠相談窓口

民間でも相談窓口はたくさんある。ためしに「妊娠　SOS」「妊娠　相談」と検索してみてほしい。NPOや病院がやっている相談窓口がたくさん出てくるはずだ。

また、先に紹介した「全国妊娠SOSネットワーク」にも、民間の相談窓口の連絡先は載っている。その中から、選んでみるのも一つの方法だ。

ちなみに、自然に「流産すればいい」と思って薬をたくさん飲んだり、おなかをたたいたりするようなことは、危険なので絶対にやめてほしい。そんなことをしたら、赤ちゃんといっしょに君が死んでしまう可能性があるからだ。

産むしかなくなったら

女の子の中には「お金がない」「親にバレたくない」「彼氏にも言えない」といった事情から、中絶時期をすぎてもそのまま、という人もいる。

でも、現実から目をそらしていても、かならず赤ちゃんは生まれてくる。家やトイレで産んでそのまま放置して殺してしまったなんていうニュースがあるけど、そんなことをすればつかまってしまう。

では、どうすればいいんだろう。

こんな状況でも、君を助けてくれる人はたくさんいる。君には三つの方法がある。

①自分が育てるか、親せきに育ててもらう。

②国の施設にあずける。

③特別養子縁組で赤ちゃんをほしがっている夫婦に引きわたす。

①は、親に相談して出産し、自分か、親せきで赤ちゃんを育てていくということだ。それなりに家族の理解がなくては難しいだろう。

②については、行政に相談する必要がある。子どもを産む前後に、市町村の窓口にきちんと連絡をして事情を話せば、「では、施設へあずけましょう」という提案を受けることになる。

施設というのは、乳児院だ。ここには主に〇歳から二歳くらいまでの赤ちゃんをあずけることができる。二十四時間体制で君の代わりにめんどうをみてくれて、いつでも会いにいったり、遊んだりすることもできる。子どもを育てられる家庭環境が整えば、赤ちゃんを引き取ることも可能だ。

もし赤ちゃんが二歳になっても、経済的な問題などで引き取ることができなければ、子どもは乳児院から児童養護施設へ移されることになる。ここは主に十八歳までの子どもたちが暮らすところだ。

施設にあずけるのは、いいことではないと言う人もいるだろう。でも、死なせてしまったり、つらい思いをさせたりするくらいなら、あずけたほうがずっといい。子どもを育てられない状況はあるものだ。君は子どもの幸せを考えて施設に育児をまかせたのだと胸を張ればいいと思う。少しもはじることはないんだ。

③の特別養子縁組という言葉は、はじめて聞いたかもしれない。

世の中には、子どもができない夫婦がたくさんいる。彼らの一部は、ほかの家から赤ちゃんをもらって自分の子どもとして育てることを望んでいる。

そんな夫婦をサポートしているのが、特別養子縁組を手助けしているNPO団体だ。「特別養子縁組　NPO」と検索してみれば、いろいろな団体が出てくるはずだ。

もし君が出産の前後にこうしたNPOに連絡をすれば、子どもを育ててくれる夫婦がいることを教えてもらえる。そして、君が赤ちゃんを産んだ後、その団体が君に代わって赤ちゃんを別の夫婦にわたす。この別の夫婦が、赤ちゃんを特別養子として育てることになる。

団体の中には、君が出産するまでの生活のサポートをしてくれたり、出産にかかる費用をはらってくれたりするところもある。

特別養子縁組をした後、赤ちゃんは君の子どもではなくなる。法律上、育てる責任がなくなるんだ。夫婦はいろんな条件をクリアした安心のできる人たちなので、君としては子どもがその家庭で立派に育つことを願って、自分の人生を生きていけばいい。

とはいえ、君はまだ若い。ひとりで施設を見つけるとか、特別養子縁組のNPOに問い合わせるとか、一から十まで自分だけでやるのはたいへんなはずだ。

もし育てられない赤ちゃんを産まなければならない状況であれば、先に紹介した地域の窓口やNPOの相談窓口でそのことを話し、施設のことや、特別養子縁組のことを聞いてみるといい。彼らはきっとどのような手順で進んでいけばいいかを教えてくれるだろう。

また、反対に、親やまわりの人は出産に反対していて、自分だけがどうしても産みたいと考えているケースもあると思う。僕の知り合いでも、二回中絶したことがあって、次は中絶したくないという人がいた。彼女は赤ちゃんを産んだ上で、特別養子縁組に出した。

こういうことについても、自分だけで判断せず、相談窓口に連絡して意見を聞いてほしい。君の置かれている環境によって、どうすればいいかはまったくちがう。君が信頼できると思うおとなを見つけ、その人の意見を聞きながら選択していくのがベストだ。

実際に電話をしてみました

妊娠相談ダイヤルに電話をするととどうなるのか、ガイドの聖子が聞いてみたよ！

③

SOS赤ちゃんとお母さんの妊娠相談（0210-783-449）に電話してみました！

Q 名前や住所は必要ですか？

すべてを明かす必要はありません。

Q 怒られないかと不安です。怒られますか？

怒りませんよ。どうしたら解決できるかいっしょに考えます。

Q 妊娠しているかどうかわからないけど、妊娠したかもしれない。というときも、お電話してもいいですか？

もちろんです。心配なことがあるときはお電話ください。

Q 10代の子に多い相談はなんですか？

妊娠判定と性行為後の妊娠の不安です。

Q 電話をしたときはどうなりますか？

病院の近くに住んでいる場合は、診察に来ていただくことができます。そのときは、不安だと思いますのでつきそいます。
遠くに住んでいる場合は地域の相談窓口を紹介したり、信頼できる保健師さんにつないだりすることができます。

Q 相談した女の子たちの、その後の進路などを教えてください。

高校生の女の子で妊娠に気づいたときには中絶できない子がいました。学校に言うと退学になることを心配し、言わずに出産して特別養子縁組をすることになりました。ご両親は最初は怒ったそうです。でも、大事な娘のことです。娘の人生と生まれてくる赤ちゃんの人生を両方守れるよう動いていました。

その子には夢がありました。私たちはその夢が実現できるようにサポートしました。学校をお休みしていた分を取り戻すために、退院後は勉強をがんばりました。体がきつい中、また赤ちゃんとお別れしたさみしさとたたかいながら、とてもがんばりました。そして、第一志望の大学に合格することができました。今は、いつか別れた子どもが会いにきたときにきちんとした姿で会えるようにと、夢に向かって努力しています。

別の女の子では、中学生で妊娠した子もいました。学校からは転校するように言われましたが、病院と校長先生が話しあい、転校しなくてよくなりました。相手の男の子には先生から、だれにも言わないようにと話がありました。その後、無事に出産して学校に戻り、第一志望の高校に合格しました。現在は就職して働いています。

10代の子どもたちへのメッセージをお願いします。

責任をとれない年齢で性行為を行うのは待ってください。妊娠がわかりなやむのは女の子です。もし万が一妊娠したときはまわりのおとなに打ち明けてください。かならず助けてくれます。相談できる人がいないときは「SOS赤ちゃんとお母さんの妊娠相談（0120-783-449）」に電話をください。相談員がどうしたらよいかいっしょに考えます。見はなすことは絶対にありません。

POINT

電話に出てくれたのは、とても優しい声のお姉さん。相談員は何人かいて、全員が女性なので、こわがらなくてだいじょうぶ。頭ごなしに怒られたりはしなくて、真剣に相談にのって、具体的なアドバイスをくれるよ。電話が苦手な子は、メール相談も受け付けているよ。

message 7

高校教諭
清水美春

恋愛になやむ女の子に伝えたいこと

私は高校の保健体育の教諭として進学校で八年、夜間定時制で五年、そして青年海外協力隊のエイズ対策隊員としてケニアで二年、これまで多くの生徒たちと性について学んできました。

国も性別も偏差値も関係なく、いつも心がけていることは、目の前にいる生徒が持っている性に関する〝あたりまえ〟を揺さぶることです。「恋と愛の違いってなんだと思う?」「セックスってなんでするの?」「コンドーム使わないときってどんなとき?」「セックスがうまいって?」など、日常ではわざわざ話題にしないけれど、みんなで話し合ってみると個人差がとても大きいことに気づくのが性のことです。

たとえば保健の授業で、「コンドームって何パーセントが使っていると思う?」と聞いてみます。

そうすると、「え? エッチするときにコンドームつける男なんてこの世におるん？　そんな男、絶対おらんって」と反応する女子がいるかと思えば、それに対して「おまえ遊ばれてるねん。男見る目ないからな～（笑）。オレは一〇〇パーつけるで、絶対。好きな女は傷つけたくないし」と、ふだんはふざけてばかりの男子がまじめに返したりします。

教室内には恥ずかしげもなく話すふたりにおどろく生徒や、「ところでコンドームってなんですか」と後で聞いてくる生徒がいたりします。それほど、性の価値観は家庭環境や友人関係、情報や経験によって異なります。だからこそ、専門的な知識を持ったおとなが、性について自分で選択するための情報を伝えることが大事だと感じています。とはいえ「こうしなさい」とは言いません。セックスにはどんなリスクがともなうのかを伝えた上で、最後はかならず「決めるのはあなた自身ですよ」とバトンをわたします。

恋愛や性に対するあたりまえもみんなちがっていて、それでいい。セックスなんて他人が立ち入ってコントロールできるものではないのだから、たとえ周囲から「あんな男、別れたほうがいいよ」とあきれられても、また彼のもとへ行ってしまってもいいし、ワンナイトラブだってセフレだって、自分と相手が納得して選択しているなら、それでもいいと思います。

ただ、確実にいえることは、セックスはふたりでするのに、その結果としての妊娠は女性にしか起こりません。また、性感染症に感染すれば不妊になる可能性もあります。だからこそ、女の子たちには、自分の身を守る最低限のライフスキルを身につけてほしいと思っています。

なぜなら、セックスのときに助けてくれる第三者は絶対に存在しないからです。その場にはあなたと相手のふたりだけ。相手があなたを大切に扱ってくれる人かどうかは、そのときになってみないとわかりません。アダルト動画を見本にしてしまい、女性には苦痛でしかないセックスが正しいと思っている男性も残念ながら多くいます。本来、セックスはお互いの仲が深まる手段として楽しくて、うれしいものです。世の中には「自分の未来を男まかせにしないセックス」を〝あたりまえ〟にしている女性もいることを知っておいてほしいし、そういう女性のかしこさや強さを身につけてほしいと思います。

具体的には、

①つきあっていても、あなたがセックスしたくなかったら断ってもいいんです。性感染症予防も避妊も一〇〇パーセント完璧なものはありません。セックスはあなたの人生に想定外の状況を生みだす可能性がある行為だということを知っておいてください。

②それでもセックスがしたいならコンドームを使うこと。性感染症の予防

として最低限のマナーです。まず、女性のあなたがコンドームを持ち歩きましょう。女性から「つけよう」と言うことは何も特別なことではありません（それでもつけない男性とは別れていいです）。ついでに、コンドームが破れたりはずれたりした緊急時に備えて「アフターピル」についても検索しておいてください。

③今、妊娠したくなかったら中絶すればいいのではなく、日常的にピルを飲むこと。ピルはコンドームより避妊効果の高いアイテムです。あなたが毎日あたりまえに歯をみがくように、ピルを飲むことも習慣にしてくださ
い。

④生理が来ない、病気かもしれない、とにかくどうすればいいかわからない。そんな場合はすぐにおとなを頼ってください。こんなとき、学校の先生は思っている以上にたよりになります。だれもがあなたより長く生きているし、今まで多くの生徒たちのさまざまなケースに向き合ってきた経験があるからです。話せそうな先生がいないなら友だちでもいい。人に話すのが無理でもスマホさえあれば、性に関するなやみ相談のサイトにアクセスできるし、ＴｗｉｔｔｅｒやＬＩＮＥなどで専門家からアドバイスをもらうこともできます。ひとりでかかえこんでいても解決しません。一番避けたいのは、自分だけの知識や経験で精神的に不安定な状態のまま判断を

してしまうことです。どんな状況であっても、だれかに話を聞いてもらうだけで冷静になって考えることができます。これは、とても大事なことです。

私の教え子にも妊娠して出産した生徒がいますが、大事なのは「出産するかしないか」ではなく、最後まで考え抜いて「自分が納得できる道を選んだかどうか」です。実は、多くの人を巻き込んでたくさん迷惑をかけた生徒ほど、「あなたなら大丈夫」と安心して送りだせます。彼女たちが持つ自分の弱さを認められるチカラと他人に頼れるチカラは一生モノの宝だからです。

妊娠に限らず、性的なことは女性が受け身になりがちですが、だからこそ「自分で決める」こと。そして「自分はこうしたい」「自分はこうしてほしい」を相手に伝えることが大切です。

そう、すべて、あなたの人生ですから。

私の言葉は、あなたの〝あたりまえ〟を揺らすことができたでしょうか？

profile

清水美春

Miharu SHIMIZU

県立高校教諭。教科は保健体育。進学校、夜間定時制、青年海外協力隊を経験し、現在は滋賀県庁スポーツ課に出向中。

CHAPTER 3
3
セクシュアリティ

もしかして、体と心が違うかも…?

LGBT、もしくは性的マイノリティという言葉を知っているだろうか。

多くの人は、男の子なら男の子らしくふるまい女の子を好きになり、女の子なら女の子らしくふるまって男の子を好きになる。

でも、世の中にはそうじゃない子もいるんだ。

そうした例をいくつかあげてみよう。

レズビアン
女の子として生まれて
心も女の子なんだけど、
恋愛対象は女の子。
L

ゲイ
男の子として生まれて
心も男の子なんだけど、
恋愛対象は男の子。
G

バイセクシャル
恋愛対象が男女の両方
になる。たとえば、男
なのに男女両方に恋愛
感情をいだくなど。
B

性同一性障害
体は男の子なんだけど、
心は女の子。あるいは、
体は女の子なんだけど、
心は男の子。
T

パンセクシャル
男の子でも女の子でも
どちらでもない人も、
すべての人が恋愛対象。

ここに述べたのは代表的なもので、細かく分けていくと、さらにたくさんの形がある。体は男性で女性の服装をしたいけど、恋愛対象は女性だとか。

また、同じ人でも小学生のときは同性が好きだったけど、中学生になったら異性が好きになるというふうに変化する場合もある。一般的に、思春期の子は性に対する気持ちがまだかたまっていないので、ゆらぐこともめずらしくない。

あるデータでは、ＬＧＢＴの人は十三人に一人いるとされている。これは左利きの人の割合とほとんど同じだ。クラスで二、三人いることになる。だから、もし君がそうだとしても、病気なわけでも、特殊なわけでもない。

そうは言っても、君にとっては、すごく大きな問題のはずだ。

心が女の子なのに男子の学生服を着て登校しなければならない。同性の女の子が好きなのに、その気持ちを打ち明けられない。男の子も女の子も両方好きになってしまい、自分が病気なのではないかと不安になる……。

友だちはもちろん、親にだってなかなか言えることじゃないよね。でも、ひとりで苦しみをかかえないでほしい。君にはいろんな道があるんだ。

まずは、**スクールカウンセラーや保健の先生に相談する**ことだろう。

スクールカウンセラーは、こういう思春期の子どもの性の問題について深い知識を持っていて、君がどういうタイプであり、どういうふうにすれば学校やプライベートで気楽にやっていけるかを考えてくれるはずだ。場合によっては学校のルールを変えてくれることだってある。

もし学校に相談するのが不安だというなら、ＬＧＢＴの団体の相談窓口に相談してみることをすすめる。

ＬＧＢＴの団体は日本全国にあり、そうしたところの多くは電話やメールによる相談窓口をもうけている。ためしにインターネットで「LGBT 相談」あるいは「LGBT 相談 NPO」と検索してみてほしい。民間で行っているものや、国が行っているものなど、たくさんのＬＧＢＴ関連の相談窓口が出てくるはずだ。

自治体などが行っている相談窓口はＬＧＢＴにくわしい臨床心理士やカウンセラーであり、民間の場合はＬＧＢＴの当事者であることが多い。こちらも親身になって相談にのってくれる。

当事者が行っている民間の団体では、ＬＧＢＴでなやんでいる人だけでなく、その家族へのサポートも行っている。同じＬＧＢＴで集まって日ごろのなやみを話し合うイベントなんかもある。もしＬＧＢＴの人たちと知り合って、いろんなことを話してみたいということであれば、そういうところをたずねるのも一つの方法だ。

次に紹介するはるかさんも、そんな団体に助けられたひとりだ。

はるかさんの場合

はるかさんは、体は女の子だったが、物心ついたときから心は男の子だった。だから、いつも男の子にまじってサッカーをしたり、野球をしたりしていた。いつか、自分にもオチンチンが生えてくるのだと信じていた。

しかし、中学生になって現実にぶつかる。はるかさんは女子の制服を着て、女の子らしくふるまわなければならなくなった。彼女はそれがイヤで不登校になってしまった。

家にひきこもっていたとき、インターネットで見つけたのが、LGBTのNPO団体だった。メールで問い合わせてみると、一度遊びに来ないかと言われた。おそるおそる行ってみたところ、十代から四十代までの同じようななやみを持った人たちがたくさんいた。

このNPO団体では、はるかさんの問題を解決するように動いてくれた。まず学校のスクールカウンセラーの人に連絡を取ってはるかさんのことを説明して、ジャージでの別室登校を認めてもらった。トイレも教員用の男性用トイレを使っていいということにしてもらった。

さらに団体のリーダーたちは、はるかさんが望んだため、はるかさんの両親にも事実を説明してくれた。自分たちのようなＬＧＢＴがどれだけ苦しんでいるのか。家族はどうやって支えるべきなのか。両親は説明を受けて理解をしてくれた。

こうしてはるかさんは、学校へ通って勉強したり、家で男の子としてふるまって生活することができるようになった。

はるかさんは今、大学生になっている。心理学を勉強し、将来は自分と同じなやみを持つ子どもを助けるスクールカウンセラーになりたいと思っているそうだ。

君を助けてくれるＮＰＯ団体はたくさんある。だから自分に一番合った団体を選ぶことができる。また、自分だけでうまくできなければ、その団体に手伝ってもらって、学校や家族の理解を得よう。そうすれば、君は今よりはずっと気持ちよく生活できるはずだ。

なんにせよ、まず君に必要なのはきちんと君を理解してくれる人だよね。それはスクールカウンセラーやお医者さんのような専門家であってもいいし、ＮＰＯ団体に集まるＬＧＢＴの当事者でもいい。

そういう人たちのなかで、君はＬＧＢＴであることを悪いと思わず、一つの個性なんだと考えるようにしてほしい。

ＬＧＢＴの人の中には、その個性を活かしてデザイナーになったり、美容師になったりする人もいる。格闘家を目指す人もいるだろう。はるかさんのように、スクールカウンセラーのような性的マイノリティの専門家になる道をすすむ人もいる。

君が持っている個性は、君の考えかたしだいで、コンプレックスにもなれば、世の中を生きていく武器にもなる。だからこそ、君にはそれを個性としてとらえ、胸を張って生きていってほしい。

性犯罪の被害

恋愛や性において、つねに男女の関係が正しいものになるとはかぎらない。残念ながら、時と場合によっては、犯罪に発展することさえもある。

その犯罪の一つが「性犯罪」だ。下着どろぼう、ストーカー、盗撮、チカン、露出、わいせつ画像の公開、レイプなどだ。

性犯罪の被害者は、だまって事実をかくしてしまうことが多い。はずかしいとか、つらくて思い出したくないといった気持ちで事実を語ろうとしないのだ。

この気持ちは十分にわかる。でも、性犯罪は、「魂の殺人」と呼ばれるほど、被害者の心に大きな傷を残す。

僕の女友だちの中にも、ちゃんとした恋愛ができなくなってしまったり、心の病気になって病院に通院することになったりした人がいる。何年、何十年と心の傷と闘わなければならないことだってある。

そうしたことをさけるためにも被害にあったことをだれかに相談するべきだ。おとなたちは二度とこわい思いをしないように守ってくれるし、君の心の傷が少しでもいえるように全力をつくしてくれる。

では、どうすればいいだろう。性犯罪によって、少しずつ対応のしかたがちがう。

まず、チカンについて。

電車やバスでチカンをされても、その場で声を上げることはなかなか難しいよね。けど、同じ電車やバスに乗っていれば、また同じ人にチカンをされる可能性がある。

そんなときは、次のような手順で警察に相談をしてほしい。

①地域の警察署や交番に相談（できれば、親や先生と行くのがいい）。
②警察署の担当警察官が出てきて対策を考えてくれる。
③犯人を逮捕して、絶対に君に近づかないようにしてくれる。

警察署では、君が女性なら女性警察官が対応してくれるはずだ。そして君といっしょに電車に乗ってチカンを防いでくれたり、犯人を見つけて逮捕してくれたりする。

これは、ストーカー、下着どろぼう、盗撮、露出なんかも同じだ。警察署には、それを専門にしている警察官がいて問題の防止、逮捕、再発予防をしてくれる。

ただ、いきなり警察署へ行くのは、少し勇気がいるかもしれない。そんなときは次のところに電話をかけてほしい。

▼性犯罪被害相談電話（ハートさん）＃8103

ここは、警察の性犯罪に関する窓口だ。ここに電話すると、地域の警察にある性犯罪被害相談電話窓口につながる。そこで今の問題を話せば、助言してくれたり、より適切な窓口につないでくれたりする。

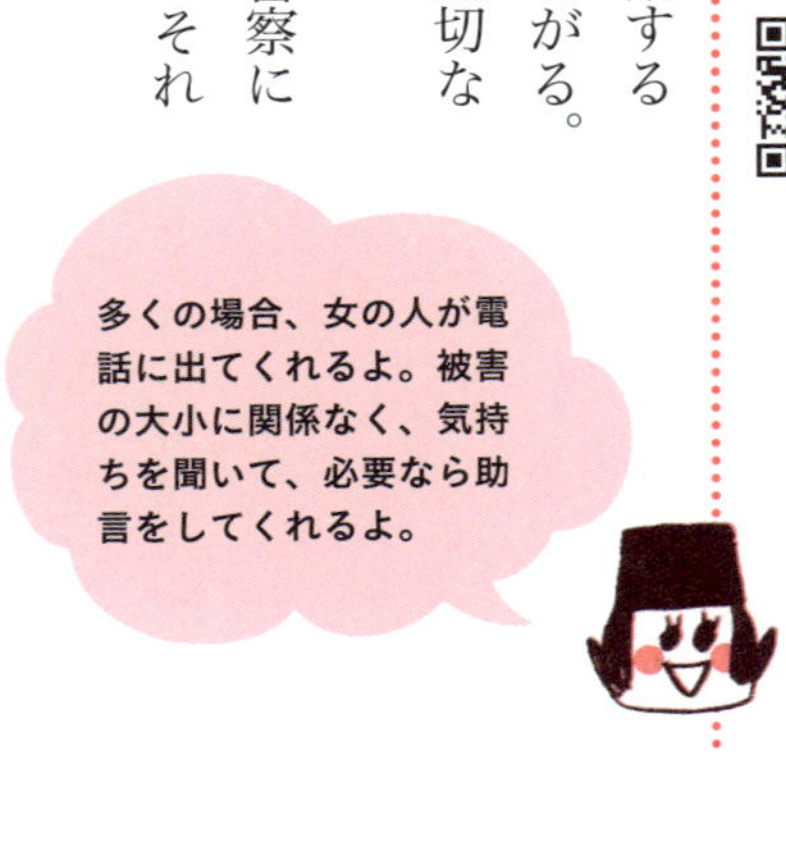
多くの場合、女の人が電話に出てくれるよ。被害の大小に関係なく、気持ちを聞いて、必要なら助言をしてくれるよ。

レイプなどもっとひどい性暴力を受けたときも、警察に行くか、性犯罪被害相談電話に連絡するのが第一だ。それからどうなるのか。一般的な流れは次のとおりだ。

①地域の警察署や交番に相談（できれば、親や先生と行くのがいい）。

②警察署で事情聴取。君と同じ性別で性犯罪にくわしい警察官が担当する（しゃべりたくないことは、しゃべらなくてもだいじょうぶ）。

③警察署にある「レイプ・キット」で証拠を採取。犯人をつかまえる手がかりにする。

④病院へ行く。同性の警察官も付きそってくれる。妊娠や性感染症のチェック。

⑤カウンセリングのための専門機関を紹介。そこでケアを受ける。

こうしたステップで、「犯人の特定」「被害者の体のケア」「被害者の心のケア」「今後の安全」に取り組んでくれるんだ。

警察は性犯罪の被害者がどれだけつらい思いをしているかわかっている。そこで被害者があちらこちらに回されたり、何度も同じ話をしなくて済むように、各都道府県に次のような機関を用意している。

▼性犯罪・性暴力被害者のためのワンストップ支援センター

ここでは、医師による治療、カウンセリング、法的な支援、捜査支援などがまとめて行われている。警察に行かなくても、直接ここに連絡をして相談をすることができるし、何年か前に被害にあった人でも相談にのってもらえる。

ちなみに、ここではレイプだけでなく、チカンやストーカーなどの被害者のケアも行っている。あらゆる性犯罪の被害者のケアをしてくれる機関だと考えてほしい。なので、つらい思いをしている人は、ぜひ一度連絡してみて。

とはいえ、警察に通報したとき、君が一番不安に思うのは、犯人に復讐《ふくしゅう》されないかということかもしれない。あるいは、自分がチカンにあったり、下着をぬすまれたことを同級生に知られるんじゃないかという思いもあるだろう。

これも心配はいらない。警察は君が被害にあったことは秘密にしてくれる。また、犯人には絶対に君と会ってはならないとか、君の家の近所に近づいてはいけないという約束をさせる。

もちろん、たのめば警察は守ってくれる。君の家のまわりを定期的にパトロールしてくれたりするんだ。

君はそれでも心配に思うかもしれないね。でも、犯人が野ばなしになっていて、いつでも君に近づくことができる状況よりは、はるかに安全は守られるはずだ。さらに学校や家にも相談しておけばよりきちんとした対応をしてくれる。

犯人が見ず知らずのおとなではなく、未成年である同級生や先輩や後輩でも同じだ。きちんと学校を通して警察に通報すれば、相手は家庭裁判所へ行くことになる。場合によっては、少年院に送られたり、保護観察処分といって監視がつく状態になったりするだろう。

彼らが社会にもどってきても、決して自由に君のところへ近づけるわけではない。彼らには「遵守事項《じゅんしゅじこう》」といって守らなければならない規則が定められている。

君に会ってはいけない、君の家の近くに行ってはいけない。そういうルールが課せられ、保護司という人に見守られ、約束を破れば再び少年院に行くことになる。

これは男の子が被害にあった場合だって同じだよ。性犯罪に巻きこまれるのは男の子も同じだ。見知らぬ男性や、男の先輩や同級生が君に何かしらの性的な危害をくわえることはある。同性に対してそれをする人もめずらしいわけではないからね。はずかしい気持ちはあるだろうけど、きちんと解決に向けて動いてほしい。女の子の場合と同様に、警察は君のプライバシーをきちんと守りながら、犯人をつかまえてくれるし、二度と同じことをされないための環境づくりをしてくれる。

大切なのは、何より、君の人生だ。

被害にあった人が損をしてはいけない。君は君自身のことを一番大切に考え、警察などにたのんで体と心を守ってもらおう。

LGBTの働きかたになやんだら？

**LGBT だけど、将来就職できるかな……
と心配していませんか？**

**自分が LGBT であると自覚していると、
将来の働きかたになやむかもしれません。
どんなふうに働きかたを決めればいいでしょうか？
そのために便利な指標をご紹介します。**

▶ PRIDE 指標を知っていますか？

企業のLGBTに関する取り組みの評価指標に「PRIDE指標」があります。work with Prideという任意団体が2016年から制定、発表していて、LGBTの人が自分らしく働くための5つの指標を定め、特筆すべき取り組みをしている企業を表彰しています。

▶ work with Prideは、どんな人たちが運営していますか？

work with PrideはLGBTに関するダイバーシティ・マネジメントの促進と定着を支援する任意団体です。2012年に日本IBMが、国際NGOヒューマン・ライツ・ウォッチ、認定NPO法人グッド・エイジング・エールズと共同で日本でのLGBT従業者支援に関するセミナーを企画したことから始まりました。

▶ LGBTの当事者が就職する際のアドバイスをいただけますか？

最近はLGBT社員への取り組みが進んでいて、採用面接やエントリーシート・履歴書等で性別を聞かない企業も増えています。同性パートナーに関しても異性パートナーと同様の福利厚生がある企業、カミングアウトしても仕事上の差別や不利な待遇につながらない環境整備ができている企業を事前に調査することもできます。

PRIDE指標の認証を受けている企業、LGBT学生向けの就職・転職セミナーに出展している企業は、取り組みが進んでいると考えていいでしょう。ただし、制度だけでなく、実際の社員の意識や職場の風土も大切です。就職セミナーや面接の際に、人事担当者や面接官の方にLGBTに関する制度、風土について質問することも重要です。トランスジェンダーに関しては、制服、トイレ、更衣室、健康診断時の配慮などがされているかも考慮するといいでしょう。

職業図鑑

LGBTだから
「ふつうのおとな」になれない
…なんて思わないで！

4

CHAPTER*3

会社員
PROFESSION-9

　LGBTなので働く場所が限られるのではないか……と心配しているかもしれません。でも、そんなことはありません。昨今ではLGBTフレンドリーな企業が増えています。たとえば日本におけるLGBTフレンドリーな企業の先駆けとなった日本IBMや日本たばこ産業（JT）、「大切な人休暇」という独自の休暇制度をつくっているアクセンチュアなど、たくさんの企業がLGBTが働きやすい制度や組織をつくっています。

CHAPTER 3 ④

心の病

やる気が出ない ふと死にたくなる…

今までふつうに生きていたのに、ある出来事をきっかけにして日常生活がこわれてしまうことがある。

手術が必要な病気になって、その後もなかなか体調がよくならない。家族やペットが死んでしまったことがきっかけで、ふさぎこんでしまう。部活や事故で大ケガをして、未来に絶望して投げやりになってしまう……。

世の中には、いろんな落とし穴がある。ふとした拍子にそれにはまり、うまくいかなくなってしまうんだ。そんな人は心の病気になっていることがある。

たとえば、**うつ病**って言葉を聞いたことがあるかな？

おとなの世界では、うつ病になって仕事をやめてしまったとか、家のことをしなくなったといったことが起こる。

子どもでもうつ病になることはある。子どものうつ病のきっかけはさまざまだ。いじめ、家庭の問題、受験や部活動など、なんだって原因になり得る。

うつ病になると、いろんな症状が起こる。

決まった時間に寝たり起きたりできない。
学校へ行ったり、友だちと話したりすることができない。
原因不明の熱やだるさが何日も続く。
消えていなくなったほうがいいなど、極端な思いになる。
自分はもうダメなんだという気持ちがふくらむ。

うつ病にも軽いものから重たいものまであるけど、一度病気になると、学校生活どころか、日常生活もうまくいかなくなってしまう。ひきこもり、自殺、不登校といった問題に発展することもある。

心の病はうつ病以外にもたくさんある。パニック障害（突然、ドキドキしたり、体がふるえたり、パニックになる病気）、適応障害《てきおうしょうがい》（ある特定の状況になると体や心に異常があらわれる病気）、統合失調症《とうごうしっちょうしょう》（幻覚や幻聴になやまされたり、やる気がなくなったりする病気）などだ。

僕が君に伝えたいのは、今までやってこれたことが急にできなくなり、学校や日常生活が思うようにいかなくなったとき、病院をはじめとした医療機関にＳＯＳを出してみるのも必要だということだ。

ケガなら傷があるから、だれでもでケガをしているとわかる。でも、心の病気は目で見てもなかなかわからない。だからこそ、ほうっておいて、悪化してしまうことはよくある。

親に心の病についての理解があって、君が病気なんじゃないかと心配し、病院に連れていってくれればいい。でも、病気の知識がなくて、「あなたがサボっているだけよ」とか「仮病《けびょう》を使わないの」と言って逆に怒ってくる親もいるだろう。

そんなとき、どうすればいいだろうか。次のような順番でやってほしい。

①今、君に起きている状態をすべてメモに書き出す。
②それを保健の先生、スクールカウンセラー、児童相談所の人などに伝える。
③そこからお医者さんなど医療機関に紹介してもらう。
（②に相談せず、直接病院へ行ってもいい）

大切なのは①の部分だ。
「食べ物がのどを通らない」「朝までねむれない」「体重が急に減る」「涙が勝手に流れる」「学校へ行こうとすると気分が悪くなる」「イライラする」「便秘になる」「現実にないものが見える」「へんな音や声が聞こえる」「耳が聞こえない」「生理がこない」……。

どんなことだっていい。君の体に起きていることをすべてメモにするんだ。そしてそれを持って、おとなに伝えてみよう。あるいは、次ページからのチェックリストにしるしをつけて、それをわたしてもいい。

保健の先生やスクールカウンセラーたちは、心の病についてくわしい知識を持っている。彼らは君の体に起きている状況を知れば、病院へ連れていくべきかがわかるはずだ。そして病院へ行って検査をすれば、君が本当に病気なのか判明するし、病気なら治療が行われることになる。

うつ病、パニック障害のチェックリスト

**うつ病、パニック障害はたとえば、
以下の項目などが診断の手がかりになります**

うつ病のチェックリスト

次のような症状のうちいくつかが
２週間以上にわたり、一日中ほぼ絶え間なく感じられるようであれば、
もしかしたらうつ病のサインかもしれません。

- □ 抑《よく》うつ気分（憂うつ、気分が重い）
- □ 何をしても楽しくない、何にも興味がわかない
- □ つかれているのにねむれない、一日中ねむい、いつもよりかなり早く目覚める
- □ イライラして、何かにせき立てられているようで落ち着かない
- □ 悪いことをしたように感じて自分を責める、自分には価値がないと感じる
- □ 思考力が落ちる
- □ 死にたくなる

うつ病の患者数は年々増えているよ。
変だな、と思ったらまわりのおとなに相談してみよう。

出所：厚生労働省 HP「みんなのメンタルヘルス」
https://www.mhlw.go.jp/kokoro/know/disease_depressive.html

パニック障害のチェックリスト

□ 予期しないパニック発作が起きる

閉所恐怖症の人がせまい場所に閉じこめられたりしたときにはパニック発作を起こすことがあります。ただしこれは特定の状況に直面したときに起きる反応で、パニック障害でみられる「予期しない発作」ではありません。パニック障害の場合は、寝ているときなど特に苦手な状況でなくても、急にパニック発作が起きます。

□「また発作が起きるのではないか」という不安をいつも感じている

パニック発作をくり返すうちに、発作のないときも次の発作をおそれるようになります。「また起きるのではないか」「次はもっと激しい発作ではないか」「今度こそ死んでしまうのでは」「次に発作が起きたら気がおかしくなってしまう」といった不安が消えなくなります。これが「予期不安」で、パニック障害に多くみられる症状です。

□ そこに行くと発作が起きそうな気がする、苦手な場所がある

発作が起きたとき、そこから逃げられないのではないか、助けが得られないのではないか、恥をかくのではないか、と思える苦手な場所ができて、その場所や状況をさけるようになります。これを「広場恐怖」といいます。苦手な場所は広場とは限りません。ひとりでの外出、電車に乗る、美容院に行くなど、人によって恐怖を感じる場所はさまざまです。広場恐怖以外に、外出恐怖、空間恐怖ということもあります。

出所：厚生労働省 HP「みんなのメンタルヘルス」
https://www.mhlw.go.jp/kokoro/know/disease_panic.html

心の病に薬はきかないと思っている人もいるかもしれないけど、まちがいだ。薬の中には心の病にきくものがたくさんある。イライラをなくしたり、変な音が聞こえなくなったり、気分が良くなったり、ねむれるようになったり。

そうした薬を飲みながら、病気になってしまった原因を見つけ、それを解決していく。それが心の病の治し方だ。

くり返すけど、心の病かどうかは子ども自身には判断しにくい。お医者さんにみてもらってはじめてわかることだ。

また、病気でなくたって、君が体調をくずしているのなら、何かしらの原因があるはずだ。ならば、それはそれで、ちゃんと解決しておかなければならない。

ひとりでかかえこまずに、だれかに相談をすること。そうすれば、君はかならず楽になれるはずだ。

自殺・リストカット

なぜ心の病の話をしたのか。それは一つに、子どもの「自殺」の問題にすごく深く関係しているからだ。

自殺をした人や、しようと計画した人の七十五パーセントは、何かしらの心の病をかかえているということが明らかになっている。そしてそのうちの約半分の人が、うつ病なんだ。

たとえば、うつ病には「自分なんてダメなんだ」という自分を否定する気持ちや、「いっそ消えてしまいたい」という自殺の気持ちをふくらませるという症状がある。病気のせいで、どんどん自殺への気持ちが大きくなっていってしまうんだ。

もしかしたら君たちの中に、本気で自殺を考えている人がいるかもしれない。だとしたら、何かしらの心の病にかかっている可能性がある。逆に言えば、その病を治せば、死にたいという気持ちがなくなるかもしれない。

そんな人の話を紹介しよう。

きょうこさんの場合

きょうこさんは、お父さんとお母さんが毎日のようにケンカをしているのを見て育った。夫婦ゲンカがはじまると、学校へ行かせてもらえなかったり、勉強道具をこわされたりしてしまう。そのせいで学校を休みがちになった。

小学六年生のころから、きょうこさんはいじめられるようになった。中学へ入ると、それはますますひどくなった。家では親のケンカ、学校ではいじめ。きょうこさんは生きているのがイヤになった。

中学二年生のころから、きょうこさんは「死にたい」と口にするようになった。カッターで手首を切ったり、「自分のお墓」といって公園に土を盛ったりした。SNSにも自殺をほのめかす書きこみをした。

ある日、きょうこさんは自殺をしたいと思って、学校の保健室にあった薬をぬすもうとした。それがたまたま保健の先生に見つかった。

保健の先生に薬をぬすもうとした理由を聞かれて、きょうこさんは泣きながら答えた。

「家も学校もイヤで生きていてもしかたないから死にたいと思ったんです」

先生はあわててスクールカウンセラーに相談。そしてお母さんに電話をし、スクールカウンセラーから紹介された病院の思春期外来（子どもの心の病気をあつかっているところ）へ連れていった。

お医者さんはきょうこさんを診察して、こう言った。

「家庭や学校のせいで、うつ病をはじめとした、心の問題をいくつかかかえています。薬を飲んで、週に一回でもいいのでカウンセリングに来てください」

きょうこさんはうつ病の薬を飲み、週に一回病院で話を聞いてもらった。保健の先生やスクールカウンセラーとも週に一、二回は面談をした。

家では、お父さんとお母さんは反省してケンカをしなくなった。教室でも、先生が注意したことで、いじめをする生徒がいなくなった。みんなで、きょうこさんが生きやすい状況をつくった。

そのおかげで、きょうこさんの心は少しずつ回復していった。みんなが支えてくれたことに感謝し、生きていてもいいんだと思えるようになった。そして中学を卒業するころには、自殺したいという気持ちはなくなり、希望どおりの高校に進学することができた。

死にたいという気持ちをかかえて生きるのは本当にたいへんだ。

リストカットをして自分を傷つけ続けて生きるのは、だれにもわからない苦しさがある。

君たちの中には、インターネットで同じようななやみを持つ人たちとつながっている人もいるだろう。自殺したいとか、リストカットをしているという人たちが集まって、グループをつくっていることもある。

僕はそうしたことがいけないとは思わない。自分の苦しみを理解してくれる人を見つけるのは大切なことだ。そういう人たちとはげまし合っているからこそ、生きていけるということはある。

ただ、同じなやみを持つ仲間同士で集まる一方で、自殺にくわしいおとなも味方につけてほしい。

なやみごとは友だちと話をしていれば、軽くなることはあるだろう。でも、君が心の病をかかえていたとしたら、話すだけでは治らない。そこはちゃんと薬をもらったり、心のことをわかってくれる人に助けてもらったりする必要があるんだ。

つまり、こういうことだ。

君には君の理解者が必要だ。それがだれであろうと、君が見つけてたよりにできると思ったのなら、その人と仲よくするのはいいことだ。

ただ、その人はお医者さんではないよね。薬を出して病を治すことはできない。だから、病気の部分については自殺にくわしいお医者さんやカウンセラーにたよることも必要だということだ。

きょうこさんの例を見てほしい。一人にたよるより、二人、三人、四人に支えてもらったほうがよい結果につながったよね。

もし君が病気じゃなかったとしても、同じだ。友だちとだけでなく、子どもの支援をしているおとなを味方につけておくことが必要だ。

自殺の専門家やNPOなら、**「自殺　相談　【地域名】」**で検索すれば、すぐに見つかるはずだ。そこには、君の心の声に耳をかたむけてくれる人がたくさんいる。

自殺の専門家じゃなくても、子ども食堂のおとな、公民館の職員、塾の先生など、君と向き合ってくれるおとなはたくさんいる。彼らをたよりにすることで、生きやすい環境をつくっていってほしい。

死にたいと思ったら、とにかく人に話してみよう。「いのちと暮らしの相談ナビ」なら、なやみの内容や住んでいる場所に合わせた相談窓口を調べられるよ。

やせたい

太ることがこわくて、ごはんを食べられなくなったり、食べたものをはいてしまったりする人がいる。

これは**摂食障害**《せっしょくしょうがい》とよばれる心の病の一つだ。

まったく食べなくなってしまうのが「拒食症《きょしょくしょう》」。たくさん食べ続けてしまうことを「過食症《かしょくしょう》」という。これのチェックリストは１８７ページにあるから気になる人はチェックしてみてほしい。

摂食障害は、女の子に目立つ。小学生の高学年くらいからおとなになるまで続く人もいて、若いうちは「拒食症」、年を重ねるごとに「過食症」へとうつっていくことが多い。

いったい、なんでこんな病気になってしまうんだろう。

人によって原因はいろいろだ。ただ、十代の子は、家族や友人との間にかかえている問題が原因になっているケースが多い。

家で親との関係がうまくいっていない。学校でいじめられている。失恋した。クラブや勉強がうまくいかない……。

そうしたことがきっかけで、だんだんと心のバランスが狂っていくんだ。三つの原因の例を紹介したい。

えつこさんの場合

家には、お父さん、お母さん、お兄さん、そしてえつこさんが住んでいた。お父さんはギャンブルばかりして、昔から家族がそろって仲よくすることはめったになかった。

お兄さんは中学に入ってからグレて、よくお父さんとぶつかった。お父さんもすぐに手を上げる性格だったので、家ではお父さんとお兄さんがいつもケンカをしている状態だった。これになやんだお母さんは、心の病になってしまった。

ある日、お母さんが家を出ていってしまった。これまでお父さんとお兄さんがケンカをはじめたらお母さんが止めていたけど、それからはえつこさんが止めなければならなくなった。

摂食障害かな？ と思ったら

**10代の男女に多いのが「やせたい」から「食べない」拒食症。
拒食症はこんなところから判断できます。**

1. 標準体重を調べましょう

標準体重の80%以下は、やせすぎです。このくらいの体重が何カ月も続いていたら、拒食症の症状の一つである可能性があります。
（標準体重はQRコードから確認できます）

2. 月経はありますか？

体重が標準体重の80%以下の女子で、かつ月経がない場合、拒食症と判断されます。

3. こんな症状があれば過食症かもしれません。

- □ 家族のいないときや真夜中など人のいないときに、短時間のうちに大量に食べることをやめられない。
- □ 特にストレスを感じると、過食したくなる。
- □ 食べているときは何も考えずにいられて幸せだけれども、食べた後、猛烈な自己嫌悪におちいる。
- □ 食べすぎて太ることが心配になり、のどに指を入れてはく、下剤や利《り》尿剤《にょうざい》を使って無理に排泄《はいせつ》しようとする。

以上の項目で、一つでも当てはまるものがあれば、摂食障害の恐れも。まずはご両親、学校の先生などに相談してみましょう。

出所：厚生労働省HP「みんなのメンタルヘルス」
https://www.mhlw.go.jp/kokoro/know/disease_eat.html

しかし、えつこさんはまだ中学一年生。お父さんもお兄さんも言うことを聞いてくれない。えつこさんは毎日親子ゲンカに巻きこまれ、ストレスをためていった。やがて彼女は髪の毛を抜いたり、ねむれなくなったりして、ついには食欲がまったくなくなった。つかれはてて、何もかもどうでもよくなってしまったのだ。

体重はあっという間に落ちていった。学校の先生に心配されてごはんを食べようとしても、体が受け付けずにはいてしまう。半年も経たないうちに体重は三十キロ台になり、入院することになった。

かなんさんの場合

小学校六年生のころから、かなんさんは学校でいじめられるようになった。太っていたため、女友だちから「ブス」「キモイ」と言われるようになったのだ。親も「悪口を言われたくなければダイエットすれば」と言って力になってくれなかった。

いじめがつづくにつれ、かなんさんは周囲の目がこわくなった。みんなが自分をバカにして笑っているように思えたのだ。かなんさんは少しでも美しくなろうと、ごはんを食べなくなった。

かなんさんはどんどんやせていった。体力がなくなり、家から学校まで歩いていくこともしんどくなった。日差しの下に立っているだけで気を失ってしまう。それでも、かなんさんは「やせなくちゃ」と思い、ごはんを食べなくなった。

お母さんとお父さんが心配しても、かなんさんは「太りたくない」と言ってぜったいに食事をしようとしない。あまりにやせすぎて、生理が止まり、五分間歩き続けることもできなくなった。そのため、お父さんとお母さんがムリヤリ病院へ連れていって入院させることにした。

むぎさんの場合

テニスコーチをしているお父さんのもとで、むぎさんは育った。お父さんはむぎさんをプロのテニスプレイヤーに育てたいと思っていて、たくさんお金をかけて毎日何時間も練習させた。

おかげでむぎさんはテニスがうまくなり、小学生のころは県大会でかならずベストファイブに入っていた。だが、中学に入り、まわりの人たちの体が大きくなるにつれ、だんだんと試合で負けることが増えていった。

お父さんは言った。

「ちゃんと練習しないから負けるんだ」

このままではプロになれない。むぎさんはお父さんの期待にこたえるため、寝る直前までラケットをふり続けた。だが、それでも試合に勝つことができない。

むぎさんは試合に負け続けたことで、だんだんとヤケ食いするようになった。ごはんをいくら食べても満足できず、おかしを買ってきては山のように食べるのだ。だが、太ればテニスができなくなるため、食べた後はかならずトイレへ行ってはく。そんなことをくり返した。

むぎさんは自分のしていることがおかしいとわかっていた。だが、おなかいっぱい食べてはけば心がすっきりした。そのときだけは、つらい現実から解放されるような気がしたのだ。

やがて、むぎさんはおかしを買うお金にこまるようになった。食べた先からはいてしまうため、いくら買っても足りないのだ。むぎさんはおかしを万引きするようになった。そうすれば、いくらでも食べられる、と思った。

だが、ある日、むぎさんはスーパーで万引きをしているところをつかまってしまう。両親が警察に呼ばれ、むぎさんはすべてを説明した。両親はむぎさんを病院に通わせて治療を受けさせることにした。

このように摂食障害にはさまざまな原因がある。そして、ほとんどの子は、自分がしていることをおかしいとは思わない。「やせなければならないんだ」「ストレスの発散になるんだ」と思って食事を制限する。気がついたときには、病院で栄養補給しながら治療をしなければならない状況になってしまう。

さらに、摂食障害の子は、うつ病など別の心の病をかかえていることが多い。だから、自力で問題を見つけて治すのはなかなか難しい。

もし君が自分で摂食障害だと思ったら、家族、先生、スクールカウンセラーなどに相談して、お医者さんにみてもらおう。病院は精神科、心療内科、一部の小児科でも対応している。

どの病院がいいかわからない場合は、地元の保健所か精神保健福祉センターの窓口に相談すれば、近くの専門の病院を紹介してくれるはずだ。病院の先生は、君が摂食障害かどうかを調べた上で、ほかにも心の病気がないか、原因は何かを細かくチェックしてくれる。

その上で次のように治療を進めていく。

- 摂食障害でも栄養をとる方法を教える。あまりにひどい場合は入院する。
- ほかに心の病気があれば、それを薬などで治していく。
- カウンセリングなどを通して、家族や学校といっしょに原因を明らかにする。
- 少しずつ、摂食障害になる前の生活へともどしていく。

君がかかえている問題は簡単ではない。ひとりでは解決できないから大きなストレスとなって摂食障害になってしまっているんだ。そしてたいていの場合、君だけでは原因を特定することができない。

ならば、ひとりですべてを解決できるという考えは一度捨てよう。お医者さんの指示にしたがって、カウンセリングなどを受けながら、家族、友だち、学校などの協力を得て原因となるものをなくしていく必要があるんだ。

摂食障害になったのは、君のせいじゃない。君のまわりの環境がそうさせたんだ。

ある人はこう言っていた。

「まわりの人が『太ってない』と言っても信じられませんでした。でも、治った今なら思う。信じられないほど追いつめられていたんだって。だから、あのときの自分にこう言いたいです。そんなに自分を追いつめなくてもいいんだよ、人をたよってもいいんだよって」

はじめは信じられなくてもいい。でも、まわりの人の一言をためしてみることからはじめてほしい。

自殺に関する相談窓口一覧

「死にたい」「いなくなりたい」と思ったら、以下のサイトで窓口を調べて相談してみよう

厚生労働省「SNS 相談」

厚生労働省のウエブサイト内の、SNS で相談できる窓口の一覧ページです。性別世代を問わないものから 10 代 20 代女性向け、18 歳以下向けなど性別や世代別の、さまざまな相談窓口が掲載されています。

自殺対策携帯サイト

厚生労働省のウエブサイトで、携帯から相談できる窓口が一覧になっています。

いのちと暮らしの相談ナビ

NPO 法人 自殺対策支援センター ライフリンクが運営する「生きる支援の総合検索サイト」。なやみの種類や、今ほしい手助けなどを選ぶと、その目的に合わせた相談窓口や支援団体を一覧で提示してくれます。

SNS の相談窓口は、そこを入り口に福祉事務所などの支援機関を紹介してくれる場合もあります。どこも混んでいて電話がすぐにつながらなかったり、すぐに返事がこない場合もありますが、あきらめないで何度かメッセージを送ってみたり、電話をかけてみたりしてください。相談するだけで心がラクになることもあります。

CHAPTER

4

「お金がない」なやみ

進学したいのにお金がないからできないと言われたり、
進学はできたけど制服や教科書を買ってもらえなかったり。
もしくは勉強したいけど学習塾に行くお金はないと言われたり。
家にお金がなくてこまっているときにも、
相談できる場所があるんだよ。

CHAPTER 4

1

家が貧乏

制服が買えない、おなかがすいた、塾に行けない

日本は世界的に見ると豊かな国だといわれているけど、経済的にめぐまれていない家庭はたくさんあるよね。シングルマザーで時給の低いパートしかできなかったり、親が病気で働けなくなってしまったり、生活保護を受けていたりといろいろな事情がある。

日本には、どれくらいの貧困家庭があるのだろう。

全国で、貧困家庭は六、七家族に一家族とされている。子どもでも、六、七人に一人の子どもは貧困だといわれている。シングルマザーの家庭においては、二人に一人が貧困なんだ。

僕は、貧困家庭に生きる子どもたちが「不幸」だとは思わない。

お金がなくても、お父さん、お母さんが優しくしてくれたり、きょうだいが仲良くしていたりすれば、毎日を楽しくすごすことができるだろう。ソフトバンクという会社をつくった孫正義《そんまさよし》さんのように、まずしい家庭から大成功する人だってたくさんい

る。

とはいえ、貧困家庭の子どもは、お金のある家の子どもと比べて、損をしている部分もある。

- 塾に通うことができない。
- 一人だけ古い服を着なければならない。
- 給食費や部活のお金がはらえない。
- 高校や大学に進学できるかどうかわからない。

一部のおとなは、「まずしいことをバネにして人一倍がんばれ」と言うかもしれない。でも、みんながそうできるわけじゃない。貧困の中でいろんなイヤな思いをすることで、「自分なんてどうでもいい」「がんばったってしかたない」「将来のことは考えられない」と希望をいだけなくなってしまう人もいるからだ。

僕は、そんな子どもをたくさん見てきた。だからこそ、言いたい。

「貧困は社会の責任なのに、そのせいで子どもが損をするのはバカげている」

君が損をしない方法はたくさんある。ここまで社会に貧困が広がっている今、社会には貧困家庭の子どもをいろんな形でサポートする仕組みが生まれている。そこには国からのお金や、寄付がたくさんあつまっていて、君の人生を変えるだけの環境が整っている。これを利用するという方法があるんだ。

でも、どういうところがあるのか、なかなか情報がないよね。知っていても、そこへ行くには勇気もいる。

だからこそ、僕はそこがどういうところであり、利用したときにどんないいことがあるのかを紹介したいと思う。

子ども食堂

「子ども食堂」という名前を聞いたことがあるかな？

主にＮＰＯがやっていて、町の公民館だとか、学校だとか、施設といったところで定期的に開かれる子どものための無料の食事会だ。どこがやっているかによって、少しずつ場所も活動内容もちがってくる。

探しかたは簡単だ。インターネットで「こども食堂ネットワーク」というホームページから、地域を選んで探してみてほしい。君の家の近くにある子ども食堂が出てくるはずだ。

子ども食堂は、子どもがひとりだけでも入れる食堂です。子ども食堂をやっている人は、みんなにおなかいっぱいごはんを食べてほしいと思っています。だから、みんなが子ども食堂に来てくれると、とてもうれしいです。

こども食堂ネットワーク

子ども食堂は、どういうシステムなんだろう。まず、ＮＰＯは国や市民からもらった寄付などで、たくさんの食材を集める。そして子どもたちといっしょにごはんをつくり、みんなでカレー、ぎょうざ、からあげ、ハンバーガー、スパゲティといったものを食べる。デザートやおかしなど甘いものだって出してくれる。

子ども食堂の目的は、家でちゃんとしたごはんを食べられない子どもたちに食事をあたえることだ。お母さんがいそがしくて料理ができなかったり、お金がなくて十分な食事を出してあげられない家庭があるよね。そんな家の子どもに、おいしいものを好きなだけ食べさせようという取り組みだ。

実は子ども食堂には、これとは別の目的がある。それは次のようなものだ。

▼遊び場をつくる

家で子どもがひとりにならないように、いつでも集まれる場所をつくる。たとえば、シングルマザーの子どもが家でひとりにならないように、同じような子どもたちと集まれる機会を提供する。

▼家でできないことをやる

シングルマザーの家庭だと、お母さんにキャッチボールやサッカーの相手をしてはもらえない。子ども食堂には、大学生のボランティアなんかがいて、男の子と思いきり遊んでくれる。趣味も近いのでいろんなことを教えてくれるはずだ。また、小さな家ではできない、「流しソーメン」「クリスマスの飾りつけ」「スイカわり」「バーベキュー」といったものもやらせてくれる。

▼レンタル

小学校の卒業式にはちゃんとした服が必要だし、中学生になれば制服、部活に入ればスポーツの道具が必要だ。でも、まずしい家庭だと新品を買うことができない。そんなとき、子ども食堂の人たちがそれらをくれたり、貸してくれたりする。

▼相談

家でのなやみ、学校のなやみ、進学のなやみ、もちろん、貧困とは関係なく恋愛なんかのなやみもあるよね。そういうものを子ども食堂の人たちがきちんと聞いてアドバイスをくれる。

このように、子ども食堂はごはんを無料で提供するだけでなく、子どもたちの居場所となってさまざまなイベントを用意してくれている。遊びから生活、それに将来のなやみまで、ここで解決してもらえる。もちろん、いじめ相談みたいなことにものってくれる。地域で君をサポートしようという場所なんだ。

たとえば、こんな子がいた。

まみさんの場合

シングルマザーのもとで、まみさんはひとりっ子として育った。おかあさんは二つのパートをかけもちしてギリギリの生活をしていた。まみさんは、いつも留守番をして、ごはんはスーパーで買ったものだった。

小学六年生のある日、お母さんが子ども食堂があることを知り、まみさんを連れていった。週二回、みんなでごはんをつくって食べるのだ。

大学生のお姉さんたちもボランティアで来ていて、料理のしかたを教えてくれた。シチューやケーキ、それにおまんじゅうまで毎回いろんなものをつくらせてくれた。まみさんは料理がじょうずで、すぐに年下の子に教える係になった。

子ども食堂の人たちはいろんなところでまみさんをサポートしてくれた。卒業式には子ども用のスーツを用意してくれたし、中学校の制服はお古を用意してくれた。夏と春には、バスを借りてみんなで旅行に出かけた。山のペンションでバーベキューをするのだ。

まみさんのお母さんも、子ども食堂が気に入った。ボランティアの人たちに仕事のことを相談したり、グチを言ったりすることで、気持ちが明るくなったらしい。お母さんと遊ぶ時間も増えた。

まみさんは、高校を卒業する年までお母さんと子ども食堂に通い、仕事をはじめてからはそこでボランティアをはじめた。自分と同じようにこまっている子どもたちの手助けをしたいと思ったのだ。

今、まみさんは子ども食堂のボランティアとしてがんばっている。

親がいそがしい家では、できることは限られてしまう。でも、子ども食堂では、家ではできないことをボランティアやお母さんとともに楽しむことができる。

また、子どもだけでなく、親も子ども食堂を利用することができる。お母さんが別のお母さんと仲よくなってグチを言ったり、相談をしたりする場になる。それでお母さんの気持ちが晴れれば、家での生活だって楽しくなるよね。

子ども食堂は、家ではできないことを実現するための「もう一つの家」なんだ。不登校の子も、ひきこもりの子も、いじめられている子も、差別されている子も、だれでも受け入れてくれるし支えてくれる。そんな場所を自分の居場所にしてみてもいいんじゃないかな。

column 2

子ども食堂はこんなところです

ひとりで行ってもだいじょうぶ？　素朴な疑問を
NPO法人豊島子どもWAKUWAKUネットワークの
栗林さんに聞いてきたよ

栗林知絵子｜Chieko KURIBAYASHI

いま日本中に子ども食堂が増え続けています。

すべての子どもに温かい手づくりのごはんを食べて、体も心も元気になってほしいと思う人が増えているので、子ども食堂も増えています。

その子ども食堂はどんなところか？　クイズで紹介しますので、ぜひ行ってみてください。

Q：子ども食堂って、子どもだけしか入れないのでしょうか？

A：子ども食堂は、子どもがひとりだけでも入れる食堂です。親子や兄弟で来てもよいですし、若者だって大歓迎します。ひとりで心配だったらお友だちと来てください。

Q：ごはんを食べるだけなのでしょうか？

A：ただ食べて帰るだけでOKです。食べた後に遊んだり、おしゃべりしたりしてもよいです。また、こまったことがあったら、どんなささいなことでも相談にのります。

Q：子ども食堂は、だれがやっているのでしょうか？

A：地域のおじさんやおばさん、お兄さん、お姉さんなどがやっています。教会やお寺を借りてやっているところもありますが、宗教に勧誘しませんので安心してください。

Q：子ども食堂はなぜやっているのでしょうか？

A：すべての子どもに、おなかいっぱいごはんを食べてほしいと思い、やっています。だからやりがいは、みんなが子ども食堂に来てくれることなんです。「おかわり！」と言われると、とてもうれしいです。

Q：メニューは選べるのですか？

A：みんな同じものを食べます。家のごはんも選べないし、みんな同じメニューでしょ。苦手な野菜などは、残してもだいじょうぶです。

A：子ども食堂はどこで、いつ、やっているのでしょうか？

Q：「こども食堂ネットワーク」のHPを検索してください。残念ながらあなたの町の子ども食堂が検索できないときは、私に電話をください（電話番号：090-3519-3745）。相談にのりますね。

無料塾

学習塾に通うには、すごくお金がかかるよね。

通常のコースだけでなく、夏期講習、冬期講習、それに合宿なんかもある。中学三年生が一年間通えば、三十二万円もかかるといわれている。もちろん、高校の入学金や授業料は別だ。

塾に行けば、テストでいい点数をとることができて、レベルの高い高校へ進学できる。もし塾に行かなければ、落ちこぼれてしまう。

そんなふうに考えている人はいないだろうか。

もし君が将来をあきらめてしまっているのだとしたら、すごくもったいない。君にはお金のことは心配しなくても、塾で勉強できる環境があるからだ。その場所が、**無料塾**なんだ。

無料塾の目的は、二つある。

一つは、勉強を教えること。

元学校の先生、塾講師の経験者、あるいは教えることが大好きなおとな。そういう人たちが仕事の合間をぬって、君に勉強を教えてくれるんだ。

テキストも寄付で買っているのでお金はかからない。塾によっては、無料の勉強合宿まである。

二つ目の目的は、居場所をつくること。

まずしい家庭の親は、仕事でいそがしくて家にいないことも多い。そんな家庭の子どもにとって、居場所は必要だ。

無料塾では勉強以外にも、ボランティアがいっしょに遊んでくれたり、相談にのってくれたりする。夜、親が帰ってこなければ、彼らに連絡をすれば助けてくれる。

無料塾は、勉強を教えてくれる場であり、子どもたちの居場所でもあるんだ。

僕の友だちで、無料塾をつくった人がいる。その人のことについて話したい。

彼女は家庭内暴力の家で育った。特にお母さんが彼女をしょっちゅうどなったり、手を上げたりしていた。

それで彼女は中高生時代には家にいるのがイヤになり、夜の街をフラフラとするようになった。その中で、性的な犯罪に巻きこまれたこともあったそうだ。

ただ、彼女は勉強はできたので国立大学へ進学し、卒業後は会社で働くようになった。

彼女はそれなりに楽しい社会人生活を送っていたけど、心の奥底には中高生のころの悲しい思い出があった。自分は運よく大学へ行き、会社に入ることができたけど、そうじゃない子どもはたくさんいる。なんとかその子たちの手助けをしたい。

ある日、彼女はそう考え、友だちといっしょに無料塾をつくった。会議室を借りて、地元の小学生から高校生までを呼んで勉強を教えたんだ。

無料塾の生徒になる条件は、「家庭の収入が低いこと」「親の許可があること」だ。

最初は三、四人だったが、友だちから友だちへ広がり、あっという間に何十人もの人が集まるようになった。

それと同時に、ボランティア先生の数も増えた。会社で働いているおとなや大学生が、ヒマな時間にやってきて教えはじめた。

地域の人からの寄付もあり、テキストはタダ、子ども食堂と同じように、食事やおかしを出すことができるようになり、夏にはバスを借りきっての合宿も行われた。

子どもたちのほうも、先生をたよりにして、いろんな相談をするようになった。

学校でいじめられている、高校に進学したいけどお金がない、部活の道具が買えない、だれだれが好きで告白したい、親とケンカしてしまったので帰る場所がない……。

彼女は子どもたちの願いを聞いてあげようと、アパートを借りてフリースペースをつくり、いつでも彼らが遊びにこられるようにした。

彼女はこう言っていた。

「子どもたちにたよりにしてもらえて、すごく楽しいです。何より、子どもたちに必要だと思ってもらえることがうれしい。これからもずっとボランティアでやっていきますので、どんなことでも相談してもらいたいって思います」

君たちの中には、相談すればおとなに迷惑をかけるのではないかと不安に思っている人もいるだろう。

でも、無料塾や子ども食堂にいるおとなっていうのは、**君たちにたよりにしてもら**

column 3

無料塾はこんなところ

《中野よもぎ塾》（東京）を運営する大西さんに聞きました

大西桃子 | Momoko OHNISHI

中野よもぎ塾は、経済的な理由で塾に行けない中学生を対象にした、無料塾です。無料塾には、学校の勉強がわからなくなってしまったけれど教えてくれる人が身近にいない、高校受験をがんばりたいけれど塾に行けずこまっている、また不登校になっているけれど勉強はしたい、そんな子たちが集まっています。勉強を教えるのは、高校生や大学生、社会人などのボランティアスタッフです。

今の時代は、多くの中学生が進学塾に通って勉強をしています。小学生のころから塾に行っている子もたくさんいます。塾へ行くのが当たり前となっている今、母子家庭だったり、お父さんお母さんがご病気だったり、いろいろな都合で塾に行けない子どもたちは、勉強でつまずいたときや進路を考えたときに、大きな不安をかかえることになってしまいます。「どうせできないから、いいや」と投げやりな考えになってしまう子や、自分のことをバカだと思ってしまう子もいます。

でも、本当は「どうせできない」「自分はバカだ」と思う必要はないのです。なぜなら、今そう思ってしまうのは状況がそうさせているだけであって、本当はがんばろうという気持ちを持って行動に移すことができたら、子どもはいくらでも前に進むことができるからです。そのためには、そういう気持ちを後押ししてくれたり、環境を整えてくれたり、どうすればいいのか示してくれる人たちが必要です。無料塾には、そんなふうに子どもたちの歩みを支えてくれる人たちがたくさんいます。同じように不利な状況の中でがんばっている仲間もたくさんいます。

自分はバカだと言っている子も、おとなから見たら全然バカではありませんし、自分はそう思っていなくても得意なことがたくさんあります。そんな子たちから、無料塾で先生役をやっているおとなたちも、たくさんのことを学ばせてもらっているのです。みんなでいっしょに成長する場として、無料塾をたくさんの人に利用してもらえたらいいなと思っています。

い、なんでも相談してくれることが、一番のやりがいなんだ。君が相談をすればするほど、彼らは喜ぶ。

だからこそ、遠慮なんかしないで、どんどん彼らをたよってほしいと思う。

奨学金

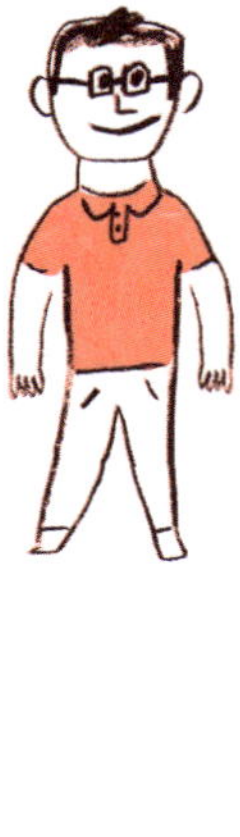

高校卒業までは、国が授業料をサポートしてくれる。しかし、大学、短大、専門学校となれば、話は別だ。もしそれらの学校へ進学をしたければ、お金を用意しなければならない。

いったい、大学四年間で入学金と授業料はどれだけかかるのだろう。大学によってちがうけど、平均を示したい。

《私立大学》

文系　385万9543円

理系　521万7624円

医学部　2245万0682円

《国立大学》
文系　242万5200円
理系　242万5200円
医学部　349万6800円

これはあくまで入学金や授業料だけだ。このほか、交通費、生活費、テキスト代などをふくめれば、もっと多くのお金が必要になる。

すべてをアルバイトなどでまかなうのは、難しい。

学業やスポーツの成績がぬきん出て優秀で、特待生として学費をはらわなくていいケースもあるが、そうでなければ右記のお金を用意しなければならない。そんな子どものためにあるのが、**「奨学金」**という制度だ。

奨学金は、わかりやすくいえば、大学や専門学校へ行くための「借金」だ。授業料などにかかるお金を借りて、卒業した後に返すことになる。

細かく見れば、いろんな奨学金があるけど、大きく三つに分けることができる。

①第一種奨学金

利息がない。成績や家庭の収入によって受けられるかどうかが決まる。

かる。

②第二種奨学金

家庭の収入が基準以下であればだれでも受けられる。三パーセントまでの利子がかかる。

③入学時特別増額貸与奨学金

入学した年に五十万円までのお金を利子付きで借りることができる。

奨学金は、大学に入学した後にはらわれるので、入学金は別に用意しなければならない。ただ、大学によっては入学後のしはらいを認めてくれているところもあるので、事前にきちんと学校の先生と相談するべきだ。

現在は、大学生の約半分が何かしらの奨学金を受けているといわれている。いくら借りるかは、君しだいだ。アルバイトをあまりせずに勉強に集中したいということであれば、それなりの額を借りなければならなくなるかもしれない。

一つ気をつけてほしいのが、大半の奨学金はタダでもらえるお金ではなく、いつかは返さなければならないということだ。そして、利子付きの奨学金の場合、借金の額が増えていってしまう可能性がある。

大学を卒業したのはいいけど、そのときに数百万円の借金をかかえてしまい、しかも就職できなかったとなれば、返済できずに、裁判にかけられてしまうこともある。そういうことをさけるためにも、奨学金を受けるときは、きちんと相談をしたほうがいい。

相談先としては、君が大学入学前であれば高校の先生や予備校の職員がいいだろう。どこでも奨学金にくわしい人がいて、奨学金を受ける条件を満たしているかどうか、どういう計画で返していけばいいのかを考えてくれる。

大学に入学した後であれば、大学の中に学生課、学生生活課、学生支援課といって奨学金を専門にあつかっている窓口があるので、そこに相談してみてほしい。たとえば、事情が変わって入学前に考えていた計画を変えたいといった相談にも応じてくれるはずだ。

高校や大学の担当の人と話が合わなかったり、別の人の意見も聞きたいと考える人もいるだろう。重要なことなので、いろんな人に相談してみるのも大切なことだ。そんなときは、次のような窓口がある。

▼日本学生支援機構 貸与・給付奨学金専用相談センター　0570-200-021

このほかにも、奨学金に関する相談を受けている

電話をかけるとオペレーターの人が出てくれるよ。相談内容によってくわしい人、担当の部署につないでくれるよ。

NPOもある。かんちがいしていたり、返せなくなってしまった人たちのサポートをしているんだ。「奨学金　NPO」と検索をしてみたら出てくるはずだから確認してほしい。

ここに紹介したのは、ほぼすべての大学、短大、専門学校で受けることができる日本学生支援機構の奨学金についてだけど、それ以外にもさまざまな制度があるのを知っているだろうか。

大学が独自にやっている奨学金、民間団体がやっている奨学金、都道府県がやっている奨学金、民間企業がやっている奨学金、それに母子家庭などを支援する制度……。

こうしたものの中には、奨学金を返さなくていいものや、一部だけしか返さなくていいものもある。どういうものがあるのかは、学校の先生などと相談しながら、自分が受けられるものを調べていってほしい。

お金のせいで、君の将来がうばわれてしまうことだけはさけるようにしよう。

2021年4月から成績重視ではなく、学ぶ意欲重視の新制度もスタートしているよ。

奨学金の探しかた

自分の進路や目的に合った奨学金は
以下のウエブサイトで探せるよ

大学・地方公共団体等が行う奨学金制度 - JASSO

独立行政法人日本学生支援機構の検索サイトです。地域、学校の種類、専攻分野などを選び、「給付型（返済しなくていい奨学金）」か「貸与型（無利子・有利子の２パターンがあり、返済しなければいけない奨学金）」かなど、必要な事項を入力すると適切な奨学金が表示されます。

ＬａｂＢａｓｅ（ラボベース）奨学金検索

返済不要の大学生向けの奨学金を中心に情報を集めているサイト。学年、申請期間などを選べるので、「学部１年の３月」で検索すると、大学入学前に申請できる奨学金を知ることもできる。大学から大学院進学時の奨学金や海外留学のための奨学金なども検索可能。

LabBase 奨学金検索（株式会社 POL）
服部明日希さんからみなさんへ

学生時代の経験は、一生の財産になります。

なので、自分の学びたいという気持ちを大切にしてください。こまったらまわりが助けてくれます。

そのひとつが、奨学金です。LabBase はがんばるみなさんを応援しています！

CHAPTER 4 ②

非行・不良といわれる

したくないけど悪いことをしてしまった

一度くらいは悪さをしたことがある子どもは、少なくないはずだ。友人のゲームをだまって持ち帰る、コンビニでおかしを万引きする、親のお金をぬすむ、他人のものをこわして逃げる……。ほとんどの人は何度かやってこわくなってやめる。つかまったらどうしようなどと考えて、やらなくなるんだ。

ほめられたことではないけど、「悪い」「こわい」と思ってやめるのは立派なことだ。
自分の意思でやめられたことは、君の自信にもなるにちがいない。
やってしまったことを反省し、次につなげることが大切なんだ。

とはいえ、みんながみんな簡単に非行をストップできるわけではない。悪いとわかっていながらもやめられない状況があったり、つかまることをおそれていながらもぬけ出せないことがある。ズルズルと続け、暴力、ぬすみ、違法ドラッグ、売春、恐かつ、違法運転、性的暴力などに発展することだってある。

なぜ、非行をやめるのが難しいのだろう。いろんな理由があるよね。

- 悪友にさそわれてことわることができない。
- つかまってもいいと開きなおっている。
- 自分より強い人に無理やりやらされている。
- ストレス発散のためにやっている。
- やらなければ生活できない。
- 非行がかっこいいと思っている友だちに囲まれている。
- いつかやめることができると思っている。
- やっているのが楽しい。

非行をする理由は、このように人によってまったくちがう。ただ、非行をする人をタイプに分ければ、大きく次の三つになる。

①人にやらされているタイプ。
②やらずにはいられない病的なタイプ。
③自分なんてどうでもいいと投げやりになって非行をするタイプ。

これを順番に見ていきたい。

①人にやらされる非行

①の「人にやらされているタイプ」から見てみたい。不良グループが君を取り囲んで「万引きをしてこい」「自転車をぬすんでこい」と命令して、ことわれないような状況にある人だ。

君たちの中には、弱みをにぎられている人がいるかもしれない。あるいは、家族から相手にしてもらえず、さびしさゆえに不良とつきあわざるを得ない人もいるかもしれない。

何にせよ、重要なのは、君が「被害者」だということだ。

どんな理由があっても、君をおどかして非行をさせる人のほうが悪い。だから、君は堂々としていてほしい。

でも、そこからぬけるには勇気がいるよね。まわりに言えば、不良たちから「チクッただろ」と言われて、よけいに悪い状況になる可能性がある。

悲しいのは、もし君が非行をやらされてつかまったとき、ちゃんと「やらされた」と言えず、悪者にされてしまうことだ。いろんな事情はあるにせよ、そうなる前にSOSを出してほしい。

親や学校の先生やスクールカウンセラーが信頼できる人なら、彼らに相談するのが一番いい。しっかりした先生やスクールカウンセラーであれば、君に非行をさせる子の親を呼び出し、二度とそのようなことが起こらないように指導してくれるはずだ。もちろん、やり返されないようにしてくれる。

その際、君は次のことを整理してノートに書いておこう。

- だれにやらされたのか。
- 何をやらされたのか。
- どれぐらいやらされたのか。
- なぜやらなければならなかったのか。
- これからどうしたいのか。
- ことが発覚した後、君は何をおそれているか。

事前にこうしたことをきちんと整理した上で相談をすれば、スムーズに話が進むし、君も本当に言いたいことを伝えることができる。

どうしても学校に相談できないなら、いじめをあつかっている相談窓口に連絡してほしい。何度も紹介しているけど、**「24時間子供SOSダイヤル（0120-0-78310）」「子どもの人権110番（0120-007-110）」**などだ。

彼らは君がどのような状況にあるのかということをちゃんと理解した上で、最良の解決策を考えて動いてくれるだろう。親や学校に話したり、警察に通報したりすることもある。

警察に相談するという方法もある。もし相手が君に万引きをさせたり、ぬすみをさせたりしていれば、これは明らかに警察が入るべき犯罪だ。警察には子どもの問題に対応する課があり、そこが君を助けてくれる。

次のところに連絡してほしい。

▼都道府県警察の少年相談窓口

インターネットで調べるときは、「警察　少年　相談【地域名】」と検索してみれば、ヒットするはずだ。

各都道府県の警察は、「ヤングテレホンコーナー」「少年相談コーナー」といった相談窓口をもうけていて、ここに連絡して状況を説明すれば、助けるために動いてくれる。君が怒られたり、つかまったりすることはない。君にやらせた人たちが悪いと考えて対処してくれるだろう。

都道府県ごとに窓口があるよ。自分が住んでいるところの電話番号にかけてみよう。

警察は、君の置かれている状況によって、どういうふうに動くべきか考えてくれる。

学校に相談して、先生やスクールカウンセラーといっしょに問題解決に動くかもしれない。ひどい場合は、すぐに相手を逮捕するかもしれない。そこらへんは、君がどうしてほしいかということにもよるから、事前に「こうしてほしい」ということを考えておくと楽だ。

一つ、子どもが助かった例を紹介したい。

りつ君の場合

りつ君はお父さんに育てられた。お母さんは、りつ君が生まれてすぐに離婚していなくなってしまっていたのだ。

お父さんは仕事でいそがしく、夜はあまり帰ってこなかった。りつ君はさびしい日々を送っていた。

中学生になり、りつ君は不良の先輩たちと仲よくするようになった。夜にいっしょに遊んでくれるのは彼らしかいなかったのだ。しかし、先輩たちはりつ君に万引きをさせるようになった。おかし、洋服、クツ、なんでもぬすんでこさせた。

りつ君は何度か店員に万引きが見つかり、つかまった。そのたびに、お父さんが呼び出され、お父さんはりつ君をしかった。りつ君は先輩たちがこわく、やらされているということを言い出せなかった。学校の先生にも言えないままだった。

やがて、先輩はりつ君にお父さんのサイフからお金をとってこいと命令するようになった。だんだんとその回数は増え、お父さんに気づかれた。このままでは、お父さんに怒られて、家から追い出されるかもしれない。

りつ君はそう思い、学校のスクールカウンセラーに相談してみた。スクールカウンセラーは、事態が重いと考えて警察の少年相談窓口に連絡することにした。りつ君、スクールカウンセラー、先生、警察官で話し合った。警察官はりつ君に言った。

「君は何も悪くないよ。悪いのは先輩だ。二度とこういうことがないようにするから安心して」

警察官は、先輩たちとその両親を呼び出した。そして今まで先輩たちがやってきたことをすべて明らかにした上で、先輩たちを家庭裁判所へ送った。

家庭裁判所は先輩たちを少年院に入れることはしなかったが、その代わり「二度とりつ君に近づかない」「奪ったお金を返す」「約束をやぶったら少年院に入れる」といった約束をさせた。

おかげで、先輩たちはりつ君にちょっかいを出さなくなった。学校の先生は、二度と同じことが起こらないようにりつ君を見守るようになったし、お父さんもほうっておかずに家にいてくれるようになった。

りつ君は落ち着いた日々を送れるようになった。

多くの子どもは、先生や警察に言えば、先輩やいじめっ子たちから「チクッただろ」と言われて復讐されるとこわがっている。だから、だれにも打ち明けない。

でも、りつ君の例からわかるように、警察や家庭裁判所が動けば、先輩やいじめっ子に対して、二度と暴力をふるってはいけないという約束をさせることができるんだ。それをやぶれば、彼らは少年院に行かなければならなくなる。

だから、君は「社会はいじめられている人を守ってくれる」ということを知って安心してほしい。そして、きちんと先生に、あるいは警察や児童相談所に相談してもらいたい。

そうでなければ、君は何も悪くないのに、どんどんひどい状況に追いつめられてしまう。

君は悪くない。だから、胸を張ってSOSを出してほしい。

②やらずにいられない

次に、「やらずにはいられない病的なタイプ」の子どもを見てみたい。

このタイプは、ほしいものがないのに毎日万引きをしていたり、いけないとわかっていても下着どろぼうをしたりするような人だ。イライラがとめられずに人に暴力をふるってしまう人もいる。

多くの場合、子どもたちが自分自身の中にかかえている問題がストレスとなって非行をしている。ストレスがたまりにたまって、どうしようもなくなり、万引きや暴力といった非行をして発散しようとするのだ。

どういう問題をかかえている人がいるのだろう。

さくらさんの場合

さくらさんは、おじいさんの家に引き取られていた。シングルマザーのお母さんが恋人といっしょに暮らしはじめて、さくらさんのめんどうをみなくなり、おじいさんの家にあずけられたのだ。
おじいさんは、さくらさんをきらっていた。おこづかいはくれず、小さなことで怒り出す。それどころか、パチンコへ行くためといって、さくらさんがためていたお年玉をすべて取り上げてしまった。文句を言っても、「家に住まわせてやってるんだからありがたく思え」と相手にしてもらえない。
さくらさんは、おじいさんとの関係がうまくいかないストレスから学校帰りに万引きをするようになった。最初はおかしや髪《かみ》留《ど》めなどだったが、だんだんとデパートへ行ってネックレスやバッグや洋服といった大きなものをぬすむようになった。

やがて、さくらさんの部屋は万引きしたものでいっぱいになった。ほしいものは何もなかった。それでも、さくらさんは万引きをやめることができなかった。物をぬすむと、おじいさんにいじわるをされてたまったストレスがいっぺんになくなるのだ。

お母さんが恋人と再婚し、新しく子どもを産んでからは、よけいに万引きをするようになった。お母さんと暮らすことはできない。お母さんは新しい子どもを育てて私を捨てた。そう考えると、ストレスで頭がおかしくなりそうになり、万引きをしてしまうのだ。

——いつかやめられるだろう。

さくらさん自身そう思っていた。でも、中学生になっても高校生になってもやめることができなかった。それどころか万引きの回数は増えていく一方だった。

やがてさくらさんは警察に見つかってつかまってしまった。

るりさんの場合

るりさんは、物心ついたころから、突然イライラにおそわれることがあった。ふつうにごはんを食べていたら、急にイライラしはじめてどうしようもなくなるのだ。

はじめのうち、るりさんはそんな気持ちになると、イスをけっとばしたり、おもちゃをこわしたりと物に当たっていた。

だが、小学六年生になって体が大きくなると、クラスメイトにイライラをぶつけるようになった。授業中に大声を出して暴れたり、クラスメイトにつっかかっていってケンカをしたりするのだ。

中学生になって、先生から目をつけられた。

「あの子のそばには近寄らないように」

先生がクラスメイトや親たちにそう言ったのだ。

るりさんは、ひとりぼっちになったことで、イライラすることがよけいに増えた。一日の半分くらいは同級生をどなりつけたり、道で会う小学生に暴力をふるったりした。

不良の先輩が、そんなるりさんに目をつけた。自分たちのグループに入るようにいったのだ。るりさんは不良の先輩たちのグループに入り、いっそう暴力的になった。

やがてケンカのときに、るりさんは相手に大ケガをさせてしまい、警察につかまることになった。

さくらさんは、家庭のストレスがたまり、万引きによってそれを発散させようとした。

こうした子どもは少なからずいる。受験のストレス、友人関係のストレスといったことから悪いことをしてしまう。万引きだけでなく、物をこわす、火遊びをする、ドラッグに手を出すなどだ。

みんな「いつかはやめられる」と思いながらやめられない。そして、どんどんエスカレートしていく。

なぜやめられないのだろう。もしかしたら「依存症《いぞんしょう》」という心の病気の一つになっている可能性がある。

ストレスをかかえるのは精神的につらい。そのつらさを非行でまぎらわすことによって、かろうじて心を保っている。でも逆に言えば、非行をしなければ、心が安定しない。だからやめられないんだ。

万引きがやめられない病気は、「クレプトマニア（窃盗癖《せっとうへき》）」と呼ばれている。こういうケースでは、君が自力で非行からぬけ出すのは難しい。場合によっては、お医者さんに相談しなければならない。

もし君が「やめたいけどやめられない」という状態にあるなら、学校の先生より、スクールカウンセラーに相談してみよう。親といっしょに行くのがベストだけど、親が信じられなければ君ひとりでもいい。そのときは「やめたいけどやめられない」ということをきちんと伝えてほしい。

あるいは次のようなところでも相談にのってくれる。

▼精神保健福祉センター（63ページ）
▼保健所・保健センター（140ページ）

これまでに万引きをしたことを君が正直に告白すれば、警察に通報されて少年院に入れられることはない。なぜなら、依存症という立派な病気だからだ。

もし君の非行に病気のうたがいがあるとすれば、彼らは君を警察に連れていくのではなく、専門の病院を紹介してくれるだろう。病院の精神科や心療内科の中には、「クレプトマニア」をあつかっているところもあって、君の心の病を治してくれる。

また、るりさんのようにイライラがおさまらずに暴力をふるったり、物をこわしたりするのも、病気である可能性がある。

たとえば、発達障害の症状の一つに、イライラがおさまらないというものがある。ひどい人になると、寝ていてもイライラしていて飛び起きてしまったり、電車で通学している最中にイライラして人にあたってしまったりする。

こういう場合も病院で治療を受けることができる。

スクールカウンセラー、児童相談所を通してちゃんと症状を伝えよう。精神保健福祉センターや保健所でも相談は可能だ。

もしそこで発達障害によるイライラだとわかれば、病院へ行って薬を出してもらえる。今は薬がかなりきくので、飲みはじめてすぐにイライラがおさまるようになる。

経験した子は、こう言っていた。

「薬を飲みはじめて心が落ち着いてびっくりしました。こんなに生きているのが楽だなんて想像したこともなかった。ぐっすりねむれるし、イヤなことが一つもない。今は薬のおかげで勉強をすることさえ楽しいです」

薬で治せるものなら、治すにこしたことはないよね。

カゼをひけば、病院へ行って薬をもらうのと同じだ。何もはずかしいことはない。医療の知識を持っているスクールカウンセラーや児童相談所の人に相談して、ちゃんとみてもらうようにしよう。

③投げやりになる

君たちの中には、すでに不良グループにくわわって、いろんな非行をしている子もいるかもしれない。

何十回も援助交際《えんじょこうさい》をしてきた、万引きグループをつくってバイクのような大型のものもたくさんぬすんできた、違法ドラッグをやっている……。

長いあいだ非行を続けていると、自分を大切にできなくなってくるんじゃないだろうか。「どうせ自分なんて生きている意味がない」「もう自分は汚い人間だから」と考えて、そこからぬけ出そうという気持ちがうすれているのかもしれない。

でも、僕ははっきりと君に言う。

社会には、君の居場所がかならずある。

君は自分がそうとう悪いことを重ねてしまっていると考えているだろう。たしかに援助交際をしていれば、たくさんの異性と関係を持つ。違法ドラッグをやっていれば、健康が害される。タトゥーや根性焼きのあとは、消えることはない。

でも、そんなものは表面的な経験数や形でしかない。それで人のよしあしが決まることなんてないんだ。子ども時代に何をやったって、体に傷があったって、立派な人は立派だよね。生い立ちや外見が、その人を決めるわけじゃない。今、その人がまっすぐな心を持っているかどうかなんだ。

君が非行を重ねてきたからといって、「生きている意味がない」とか「汚い」なんてことはない。長い人生でみれば、失敗をした経験のある人のほうが、深く物事を考えられる。肝心なのは、過去を活かすかどうかだ。

僕が言いたいのは、十代の君はまだまだ人生を投げ出す年齢じゃないということだ。学校へ行っていなくたって、お金がなくたって、まだ若い君にはいくらだってチャンスがある。いくらだってやり直しがきく。

この本を読んでいる君たちの多くは、「できれば、人生をやり直したい」と思っているはずだ。でも、ひとりではなかなか生きかたを変えることはできないよね。そんなときに必要になるのが、味方となってくれる人たちだ。

君のそばには、親、きょうだい、親せき、先生、スクールカウンセラー、習いごとの先生やコーチ、仕事の先輩や社長などたくさん味方になってくれる人たちがいる。

非行をしているときは、無意識のうちに彼らと距離を置いているだろう。でも、非行をやめたいと思ったとき、もう一度彼らのところにもどっていって味方になってもらうというのも一つの手だ。非行をやめたいときは、別の人間関係をつくっていくということが大切だからね。

もしそうした人たちが身近にいて、たよることができるようなら、勇気を出して次のようにやってみよう。

①そういう人たちと定期的に会うようにする。
②尊敬できる人をひとりでいいから見つけてみる。
③その気になったときに、なやみを打ち明けたり、将来の夢を語ったりする。
④その人といっしょに、自信につながることを一つでいいからやってみる。

君にとって必要なのは、尊敬できたり、信頼できたりするおとなだ。いろんな人とつきあっていくうちに、「この人はわかってくれる」という人が見つかるはずだ。そういう人と信頼関係を築いていってほしい。

それでも、まわりにしっかりとした人がいないケースがあったり、いまさら彼らをたよりにすることができないという事情もあったりするだろう。

そういう場合は、これまでに紹介した「子ども食堂」や「無料塾」といった居場所づくりのNPOに通ってみるという方法がある。地域によっては、フリースペースなどという、子ども食堂や無料塾とは少し異なるNPOがやっている居場所などもある。

こういうところには、君のことをどこまでも心配し、支援してくれるおとなたちがいるはずだ。なかには、君と同じように非行の道に足を踏み入れたものの、がんばってぬけ出した人もいるかもしれない。そういう人たちと新しい人間関係を築いて生きていくことは決してまちがいではないはずだ。

君たちの中には、「不良グループから離れたいけど、それができない」という人もいると思う。特に同級生のグループだけでなく、先輩やおとなのグループの中で非行をしている人たちはそうだろう。仲よくしている暴走族やギャングのグループ、知り合いの暴力団なんかがそばにいて、なかなかぬけられないケースがある。

一番早い方法は、地元から離れることだ。たとえば次のように、いくつか方法はある。

- 全寮制の高校へ転校、進学する。
- 住みこみの仕事をする。
- 予備校の寮に入る。
- 親せきの家に住まわせてもらう。

その際にやらなければならないのは、携帯でもネットでも、昔の仲間との連絡を絶つことだ。「寮の規則で携帯を持てない」「こわれた」などとウソを言ってもいいと思う。彼らと連絡を切ってしまうんだ。そうすれば、むりに追いかけられることはなく、自然と縁が切れていくだろう。

もしこういう形で地元から離れられないというのであれば、次のようなところが君の相談にのってくれる。

▼都道府県警察の少年相談窓口（少年サポートセンター）**（219ページ）**

▼法務省少年支援センター　0570-085-085

「少年サポートセンター」は、警察がつくっている相談窓口だ。

もし君が不良グループや暴力団とのつながりからぬけ出したいと考えているなら、ここに相談をしてみよう。電話でも、メールでもいい。各地域に少年サポートセンターがあるので、ネットで「少年サポートセンター【地域名】」で検索して一番近いところに連絡してもらいたい。

ここは君をつかまえるための機関じゃない。君が立ち直るのを手助けしてくれるところなんだ。君がかかえている問題を解決してくれたり、居場所をつくってくれたり、

ＮＰＯを紹介してくれたりする。

少年サポートセンターは、いわば少年を非行から守るための総合センターだ。ここからいろんな人を紹介してもらえるし、警察の力で問題を解決してもらう。

法務省少年支援センターは、各地の少年鑑別所《しょうねんかんべつしょ》にある相談窓口だ。少年鑑別所は、非行をした少年をつかまえて収容することだけが役割ではない。地域の中で、非行防止や立ち直り支援をするのも業務の一つだ。

法務省少年支援センターの役割は、警察がやっている「少年サポートセンター」に似ているかもしれない。君がかかえている問題をはっきりさせ、それをなくすように取り組み、同時に君が正しく生きていくための道をつくってくれる。プロの人たちが、問題が解決するまで何カ月から何年も君と向き合ってくれるはずだ。

女の子にしても、不良グループからぬける方法がわからずにこまっているという子は多いだろう。家出をして不良グループの中で援助交際をしていたり、不良の先輩や暴力団のような人たちに強引に援助交際をさせられていたりするケースもある。こうなると、なかなかグループから脱出することができないよね。

そんなときは、先に紹介した少年サポートセンターや法務省少年支援センターに相談してみるというのも手だけど、僕がすすめるのは**ＮＰＯに助けを求める**ことだ。

日本には、こまっている若い女性を助けるＮＰＯがたくさんある。たとえば、女子高生サポートセンターColabo（２４０ページ）がそうだ。

こうした団体は、主に性犯罪に巻きこまれている女性の支援をしている。売春グループから助け出したり、警察や病院に同行してくれたり、家出をしている場合は施設に住まわせてくれたりする。

相談の方法も、電話やメールだけでなく、ＬＩＮＥなどのＳＮＳで行っている。そして君が援助交際をやめた後も、立ち直りのための支援を続けてくれる。スタッフの中には、君と同じような苦しみを体験した若い女性もいたりするから、どうすればいいかということについて適切なアドバイスをくれるだろう。

また、君たちの中にはすでに逮捕されて少年院へ行った経験のある人もいるかも知れないね。少年院へ行くと、「自分は一度つかまっているから、もう社会にはもどれない」って思ってしまいがちだ。

でも、そんなことはない。おとなの犯罪とちがって少年院へ行っても「前科」として記録に残ることはないし、少年院を出た人たちをサポートするＮＰＯなんかもあるんだ。代表的なＮＰＯの一つが次だ。

▼セカンドチャンス！

これは少年院に入っていた人たちが定期的に集まって、おたがいにはげまし合いながら生きていくための団体だ。みんなでスポーツやバーベキューをしたり、交流会で盛り上がったり、あるいは少年院などの施設へ行って体験談を話したりする。おおぜいで支え合って、正しい道を進んでいくことを目指す。

同じような仲間と語り合い、いっしょになって立ち直るのは心強いものだ。ひとりでがんばることが不安なら、ぜひ一度問い合わせをしてみてほしい。

最後に、君が社会人として非行をやめてまっとうな道を歩いていこうとしたら、仕事の中で味方になってくれる人を見つける必要がある。仕事と生活は、あわせて一つだからね。

では、どこで働けばいいのだろう。自分にそんなちゃんとした働き口があるのかと思うかもしれない。安心してほしい。君にぴったりなところがある。

▼協力雇用主（245ページ）

協力雇用主《きょうりょくこようぬし》というのは、少年院や刑務所から出た人たちが社会で生きていけるように仕事をあたえて、ちゃんと生活のめんどうをみてくれる会社のことだ。

大阪のお好み焼き専門の全国チェーン「千房《ちぼう》」、横須賀の建設業「セリエコーポレーション」など、社会で立ち直って生きていきたい人たちを積極的にやとってくれている会社があるんだ。その中には、飲食業もあれば、ガソリンスタンドもあるし、美容室もある。

こういうところの社長さんは、君が立ち直ることを全面的に支援してくれる。住みこみができる寮を用意してくれたり、勉強がしたければ支援してくれる。だれよりも君のことを気にかけて、応援してくれる。

もちろん、少年院に入ったことがなくたって、こういう会社で働くことはできる。もし非行をしていた自分を理解してくれる人のもとで働きたいという思いがあれば、一度協力雇用主に連絡をして相談してみてはどうだろうか。会社の担当者はかならず君の力になってくれるし、同じようにがんばっている仲間とめぐりあえるはずだ。

ここで、僕が君に言っておきたいことがある。

「君には無限の可能性がある」

自分は中卒だからダメだとか、十八歳だからいまさら何をはじめても遅いなんて考えるかもしれない。でも、まったくそんなことはない。

もちろん、大学へ行かなければつけない職業はある。でも、そうじゃない職業だって山のようにあるんだ。料理人になるにせよ、大工になるにせよ、商売をはじめるにせよ、実はほとんどの人が二十歳をすぎてから目指しているんだ。

大学へ進学した人だって、実際にその仕事の技術を身につけるのは、就職した後の二十二歳をすぎてからだ。逆に言えば、君が十八歳、十九歳ではじめれば、大学へ行った人よりはるかに多くの技術を身につけられる可能性がある。

つまり、もし君が十代後半で、「こういうことをやってみよう」と考え、実行に移せたとしたら、遅いどころか、ものすごく早いほうなんだ。

たとえば、僕の友だちは大学を卒業した二十二歳からレストランで働きはじめて料理人を目指した。でも、もし君が十八歳から目指せば、彼よりも四年も早く料理の腕をみがくことができる。料理人の世界は、学歴が関係ないので、がんばればがんばるほど評価されるだろう。そう考えたら、遅いどころか、君はほかの人よりいくらだって早くスタートラインに立つことができるんだ。

正直に言えば、僕は若くしてこの本を読んでいる君がとてもうらやましい。

この本を読んでいるということは、**君がこれからいくらだって、なんだってやるチャンスがあり、その気持ちがある**ということだ。

僕は今、作家として生きているけど、君と同じくらいの年齢のときにそういうことを考え、スタートできていれば、もっといろんなことができただろうと思う。

逆に言えば、君はそれだけ可能性をひめているんだ。

きっと君はいろんなつらい体験をしてきただろう。くやしさも味わってきたし、絶望の底につき落とされたこともあったはずだ。

でも、それをすべてひっくり返して、だれもがうらやむ人生を進むことのできる力を持っている。それを利用するのか、しないのか。すべて君にかかっているんだ。

実際に電話をしてみました

少年サポートダイヤルはだれが相談にのってくれる？

4

ヤングテレホンコーナー（03-3580-4970）に電話してみました！

Q いつ、だれにつながる？

24 時間受け付けていますが、月～金曜日の 8 ：30 ～ 17：15 の間は、専門の心理職や警察官が電話に出ます。それ以外の時間は宿直の警察官が対応します。

Q なやみ相談のときに、名前や住所を聞かれますか？

匿名でもだいじょうぶですが、相談内容によっては名前や住所を聞くこともあります。

Q どんなことを聞いてもらえますか？

非行、友だち関係、親子関係、いじめ、JK ビジネスに関するトラブルや、犯罪などの被害の相談などに対応しています。未成年のみなさんにかかわる相談なら基本はなんでも受け付けます。未成年に限らず、学校関係の人や家族から匿名で相談がある場合もあり、それももちろん対応します。

Q 電話をかけると何をしてもらえますか？

相談内容に応じて助言したり、適切な窓口を紹介したりしています。適切な窓口は警視庁の窓口だけに限らず、都や市区町村の窓口も含めて紹介します。

POINT

ほかの相談ダイヤルに比べて、ちょっときびしそうなおとなが電話に出る！とおどろいたのですが、警察官の人が対応してくれるからなんだね。最初はこわいかと思ったけど、話してみると優しい人たちだよ。でも話を聞いてもらいたいときよりは（そういうときも電話していいようですが）、「解決してほしい」ときのほうが、向いている印象です。

message 8

女子高生サポートセンター
Colabo 代表

仁藤夢乃

家に帰れない子どもたちへ そしてこの本を手にするおとなたちへ

私が代表をつとめる女子高生サポートセンターＣｏｌａｂｏは、中高生世代の少女を支えるために活動をしています。具体的には、深夜の街や路上にいる少女、家に帰れない少女たちに声をかけたり、必要に応じて警察、病院、児童相談所へ同行したり、食事や物品の提供、一時シェルターや自立支援シェアハウスでの生活支援や就労支援、改装したバスを拠点に、渋谷・新宿で無料カフェを開催するＴｓｕｂｏｍｉ　Ｃａｆｅという取り組みなどを行なっています。

なぜ、こうした活動をするようになったかというと、私自身が家に帰れない『難民高校生』（筑摩書房より同名の書籍を発売中）だったからです。家族とも学校の先生ともうまくいかなかった私は、高校時代のほとんどを渋谷ですごしていたのです。

そんな私が当時と今を比べて思うことは、最近は、「夜の街に子どもたちが逃げこめる場所がなくなっている」ということです。私が街をさまよっていたころは、同じように家に帰れない少年少女がたくさん街に出ていました。夜に家にいられないとき、すごせる場所も、ファストフードやカラオケショップ、漫画喫茶など、選択肢が多くありました。だからひとりではなく、何人かでそういう夜通し営業している場所にいてもいいし、お金がなければ友だちになった子とビルの階段に座ってしゃべっていてもよかったのです。

でも今は多くのお店で夜十時以降の入店は年齢確認があり、未成年だけの入店は制限されます。補導も厳しくなっていて、集団でたむろするわけにもいきません。でも家に帰れない、そういう子はどうするかというと、SNSで「今晩泊めてくれる人」を探し、児童買春や性暴力などの犯罪被害にあうケースが後を絶ちません。

昔と比べて「街をさまよう十代」は一見少なくなっています。でもそれは「いなくなった」のではなく、「見えなくなっているだけ」なのです。

そんな状況をふまえて、私がこの本を読んでくれる方に伝えたいことは二つです。まず、おとなたちに対しては「私たちは、子どもを支える責任がある」ということに気づいてほしいと思っています。

今の子どもたちは、小さなころから「人に迷惑をかけてはダメ」と言われ、強烈な自己責任論にさらされています。家庭や学校が安心してすごせる場所ではなかったとき、それは彼女たちのせいではないのに、「自分がダメだからうまくいかない」「自分が悪いから、我慢しなければならない」と、まわりのおとなたちから思いこまされていることがあります。

たとえば家庭や学校で問題が起きたとき、子どもたちはかならず一度は親や先生など、まわりのおとなにSOSを出します。でもそのときに「お前が悪い」と決めつけたり、「こまった子」「ダメな子」「我慢しなさい」と言ったりする。そうすることで、子どもたちに、自分でなんとかしなければと思わせているのです。

「こまった子」とおとながとらえることがありますが、本当はその子たち自身が一番「こまっている」のです。生まれたときから嘘つきだったり、おとなへの不信感をかかえていたりする子はいません。彼女たちをそうさせているのは、おとなたちのつくった環境や関係性です。

私たちおとなは、そんな子どもを見かけたら「不良だ」としかったり無視するのではなく、彼女たちの声を聞き、可能性を信じてかかわることが大切です。気にかけているおとなが多ければ多いほど、子どもを取り巻く危険は減ります。なぜなら、買春者や性的搾取《せいてきさくしゅ》のあっ旋業者などは、街をさまよう少女たちの中でも「孤立している子」を狙うからです。

私たちおとなにできることはたくさんあって、ふだんから、近所の子どもたちに「こんにちは」「元気」とか「ごはん食べていく？」とか、声をかけるだけでもいいんです。そうして「あなたを気にかけている」という態度を示して、いざ、子どもがこまっている（たとえば昼間から公園にいる。夜なのに路上にいるなど）と感じたら「どうしたの？」と声をかけてください。そういうおとながいるだけで、おとなを信じてみてもいいかな、世の中まだ捨てたもんじゃないな、自分もまだ人をたよれるかもしれないなどと、信頼の芽の回復につながるかもしれません。

子どもたちにとって「助けてくれないおとな」「出会わなければよかったおとな」ではなく「出会えてよかったおとな」になってください。


そして今まさにこうしたことでなやんでいる十代のみなさんには、「自分を責めないで」ということ、それから「人をたよることは悪いことじゃない」ということを伝えたいです。

中高生くらいの年齢になると、「もうおとななんだから」「自立しなさい」などと、さまざまなところで言われるようになりますが、自立とはたったひとりで立って生きていくことや、なんでもひとりでできるようになることではありません。いろいろな人との関係性の中で、支えたり支えられたりしながら生きていくこと。人をたよる力も、自立に必要な力です。人をたよることは悪いことではありません。ひとりでかかえず、信頼できそうな人に話をしてみてください。十人のおとなに話せば、きっと一人くらいは親身に話を聞いてくれるでしょう。考えを押しつけず、いっしょに前を見てあなたの気持ちを尊重しながら、選択肢を考えてくれるおとながいたら、信じてみてもいいかもしれません。

まわりにそんなおとながいないときは、インターネットやSNSでColaboを検索してみてください。Colaboの活動拠点は東京ですが、全国各地からの連絡を受け付けています。どうしたらいいかいっしょに考えたいです。

子どもにとっておとなは環境要因です。安心してすごす場所を持たない子どもたちを排除するのではなく、選択肢を増やしていく責任があると思っています。

profile

仁藤夢乃
Yumeno NITO

女子高生サポートセンターColabo代表。中高時代に家が安心できる場所でなく街をさまよった経験から、10代女子向けシェルターや無料の夜カフェ #TsubomiCafe を渋谷・新宿で開催中。著書に『難民高校生』（筑摩書房）など。

協力雇用主って？

立ち直りたい人の強い味方

235 ページで紹介した協力雇用主は、「犯罪・非行の前歴等のために定職に就《つ》くことが容易でない刑務所出所者等を，その事情を理解した上で雇用し，自立や社会復帰に協力する民間の事業主の方々」（法務省ウエブサイトより）です。2019 年現在、約 2 万社の事業主が、保護観察所に協力雇用主として登録しているそうです。

日本財団職親プロジェクト

法務省の協力雇用主には、どんな企業が登録しているのか、一般的には知ることが難しい状態です。よりわかりやすいものに、日本財団の職親《しょくしん》プロジェクトがあります（https://shoku-shin.jp/）。協力雇用主と同じく、刑務所出所者、少年院出院者一人ひとりの更生を参加企業が支える活動で、2013 年から行われています。職親企業は日本財団のウエブサイトから見ることができます。

職親企業一覧

https://shoku-shin.jp/project/program/

職親プロジェクトの生みの親・日本財団の福田さん＆廣瀬さんからみなさんへ

「どうせ俺（私）なんて」と、あなたがなげ出しているのは、自分の未来です。

ゆっくりでもいい。めげずに、前に踏み出す気持ちがあれば、たくさんの人が応援してくれます。

日本財団は課題を抱える子どもたちを応援していますので、なやんだら相談してみてください。

message 9

セリエコーポレーション
代表
岡本昌宏

協力雇用主ってどんな仕事？

私は十四年前、十九歳でとび職の世界に入りました。それまではいわゆる不良、やんちゃなことをいっぱいして、ケンカに明け暮れていました。とび職になったきっかけは恋愛です。すごく好きになった女性に交際を申しこんだら、「悪いことから手を引いてくれないとつきあえない」と言われたんですね。じゃあ、かせげて独立できる仕事、〝手に職〟がつけられる仕事がいいと思って選んだのがとび職です。修業はきつかったですが、三十歳で独立し、横須賀でセリエコーポレーションを経営しています。

協力雇用主になったのはなぜですか？　とよく聞かれるのですが、最初は児童養護施設がきっかけでした。児童養護施設は、十八歳までしかいられないんですね。学校を出たてだったり、学校にも行っていなくて親もいなかったりする子どもは、十八歳で独立しないといけないと知りました。つまり保護者がいない子どもが、十八歳で仕事も住まいもない状況になるのです。それでは就職は難しいですよね。

一方で、われわれとび職は、人材不足になやんでいます。だったら、児童養護施設にいる子たちに、住まいと仕事をセットで用意し、保護者の代わりになればいいかなと思ったんです。だから寮をつくって、子どもたちを受け入れるようになりました。

そのうちに、「児童養護施設にいられない子ども」を受け入れてくれないかと言われるようになりました。つまり、児童養護施設で仲間とうまくやっていけない子どもたちや、夜の街で補導され、少年鑑別所に入ったりした子たちです。児童養護施設は児童福祉なのですが、少年鑑別所は法務省の管轄、司法の領域です。いったん司法の領域にゆだねられた子どもが、児童福祉にもどることは難しいという側面があります。

だから、行き場をなくした子を受け入れてもらえませんか？　と言われる。受け入れているうちに協力雇用主を打診されました。仕事はとび職。僕の会社で、最初は先輩について技術を学び、一人前の職人になって、いずれは独立してくれたらいいなと思っています。

今までに八十人以上を受け入れています。過去には殺人を犯した子など、重大犯罪の加害者も受け入れました。罪の重さで受け入れないということはありません。覚せい剤をやっている子は体力的に難しいのでことわりますが、それ以外なら、施設から「受け入れてもらえませんか？」と連絡が来たら会いにいき、本人と話して、本人が「セリエコーポレーションに来たい」と言ったなら、基本的には受け入れます。

受け入れた子たちは、ほとんどの場合、お金も服も何も持っていません。ですからまずは着るものや食事を用意します。初期費用はすべて立て替え、本人たちが働きはじめたら、月に一万円ずつ返してもらいますが、今でも働き続けている子は八人、一割ですね。多くの子が一年以内にやめていったり、だまっていなくなったりします。

最初のころは、待遇《たいぐう》が悪いからだろうかといろいろ考えて、住む場所だけじゃダメだと寮母さんを探してきて、食事を出すようにしました。ほとんどの子が携帯をほしがるので、「一カ月がんばったらご褒美《ほうび》だよ」と、携帯を私の名義でつくったりしました。でも、続かない子は続かない。

なぜかというと、僕が受け入れている子どもたちには共通点があって、生まれ育った家庭で虐待されていたり、貧困だったりして家族で食卓を囲んだり、学校で友人と遊んだりというふつうの経験が圧倒的に少ないんです。だから、ふつうに育った子が知っていることを知らない。具体的に言うと、理想と現実にはギャップがあることを知らない子が多く、読み書きや情報の判断能力が低いように感じます。

だから、「仕事」はいいことばかりじゃないということがわからないし、「一時間五万円」のような高額アルバイトはまともな仕事じゃないと判断できない。そうなると、とびの仕事でちょっと怒られると「こんなはずじゃなかった」と自暴自棄《じぼうじき》になり、「世の中にはもっといい仕事がある」と、たとえば振りこめ詐欺《さぎ》の出し子のような裏の仕事にたやすく手を染めてしまうんです。

でもそれは、その子が悪いんじゃないですよね。その子の育った環境にたまたま問題があったというだけです。だから彼らが今までに得られなかったもの、安定した生活の中で、読み書きそろばんを学んで、人とコミュニケーションする方法を学ぶ経験ができたら、社会に出て働いていけると思います。だから今、NPO法人を立ち上げて、社会復帰のための中間施設も運営しています。そこでは子どもたちがいろんなことを学んで、続けられる仕事を見つけて自立することを目指しています。

非行に走ってしまって、今どうしていいかわからない、もしくは悪い仲間に誘われていて、今危うい状況にある。そんな子どもに伝えたいことは一つ。なんでもやってみないとわからない、ということです。

よく「学校が合わない」「仕事が合わない」という子に出会います。でも、最初は環境や仕事、職種に自分を合わせる努力も大事だと思うんです。

みんながみんな、望むものになれればいいですが、そうではないのが社会だし、十五歳くらいで「これになりたい」「こうしたい」とはっきりわかっていない子も多いですよね。

そんなときは、今の環境や今の仕事に、まずは自分を合わせてみればいいんじゃないでしょうか。そして三カ月、半年、一年とじわじわ続けてみる。そのうちに、気づいたら好きになっていた。それが〝天職〟と言うものではないかと思います。

今、まさに働かないといけなくてなやんでいるなら、「手に職」を判断基準にするといいんじゃないかな。たとえば私の仕事であるとび職は何歳になってもできるし、世界中で必要とされる仕事です。そういう仕事は我が身を助けてくれます。

profile

岡本昌宏
Masahiro OKAMOTO

2005年から児童養護施設や少年院等を退所後、受け入れ先のない青少年を雇用する活動を開始。2016年には、「NPO法人なんとかなる」を設立。シェアハウスを運営し、衣食住の提供や職業訓練、学習支援を行っている。

職業図鑑
いろいろある！
職親プロジェクトに参加
している会社の仕事を
紹介するよ

とび職
PROFESSION-10

　日本の建設現場で、高いところでの作業を専門とする職人。建設現場では、高所を華麗に動き回ることから「現場の華」とも称されている。とびの会社や職人に弟子入りして経験を積み、独立するのが一般的。厳しい徒弟制度がある場合も多いですが、しっかり経験を積めば十年前後の修業で独立できる魅力があります。

介護士

PROFESSION-11

老人ホームやデイサービスなどの施設、あるいは支援が必要な高齢者の自宅に出向いて介護にかかわる。その仕事内容は、着替えや食事の介助、排せつや入浴の介助、口腔《こうくう》ケアなど多岐にわたる。無資格でも「介護職員初任者研修」などを受けて働きはじめることができます。介護福祉士、社会福祉士、ケアマネージャーなどステップアップできるキャリアパスも用意されています。

運送業

PROFESSION-12

宅配便などの荷物の輸送を行う仕事。普通免許でも小型トラックの運転は可能。中型免許、大型免許などがあると仕事の幅が広がる。ドライバーであれば荷物の輸送をしている間はひとりの世界なので、他人とコミュニケーションをとるのが苦手でも、比較的向いています。

タクシー運転手

PROFESSION-13

普通自動車第二種運転免許が必要ですが、ほとんどのタクシー会社では、第二種免許の取得費用を負担してくれます。ただし、普通自動車第一種免許（ふつうの自動車免許）を取得してから3年以上経過している必要があるので、18歳で普通免許をとった場合、21歳までは二種免許を取得できません。免許のほかに必要な資格はないので、比較的挑戦しやすい。

庭師

PROFESSION-14

主に個人宅の庭園などを設計、監督、施工する仕事。職業訓練校で技術を学ぶか、会社や職人に弟子入りして学び、いずれは独立するケースも多い。屋外の力仕事が多いので体力は必要だが、枝切り、剪定《せんてい》などの各種はさみなど、比較的少ない道具ではじめられ、大掛かりな器具がなくても独立できます。

CHAPTER

5

「進路」のなやみ

中学校から高校へ、高校から専門学校や大学へ、そういう人が多いけど、
自分は学校はもう十分。働きたいと思う子もいるかもしれないね。
もしくは学校に行きたいけど、家にお金がなさそうだから無理と思っていたり、
何者でもないまま何年かすぎて、
これからどうしようと思っている子もいるかな。
だいじょうぶ、いろんな進路があるんだよ。

CHAPTER 5

進学

たとえば、こんな学校に行くという手もある

看護学校

中高生にとっての大きな問題の一つが、進路であることはまちがいない。

ただ、家が経済的にこまっていたり、君自身に障害があったりすると、なかなか思うようにいかないというのが現実だと思う。

君たちの中には、「自分はどうせダメなんだ」とあきらめている人も多いんじゃないだろうか。

僕はそんな君がすごくもったいないことをしていると思っている。世の中には、お金がなくたって、問題をかかえていたって、進むことができる進路がたくさんあるからだ。

たとえば**「看護学校」**だ。

看護学校とは、看護師になるための勉強をする学校だ。看護師の資格を持っていれ

ば、基本的に仕事にはこまらないといわれている、とてもいい資格だ。看護師といえば、女性のイメージがあるかもしれないが、最近では男性も増えている。

看護学校は、一般的に入学金や授業料がかかる。でも、一部の看護学校は卒業した後に系列の病院で何年か働けば、授業料が無料になったり、一部免除になったりする（働いているときは、ほかの人と同じお給料をもらえる）。つまり、お金をかけずに看護師の免許がとれるだけでなく、仕事も保障してもらえるんだ。

看護師について少し説明をすると、看護師には「准看護師《じゅんかんごし》」と「正看護師《せいかんごし》」の二つの種類がある。

准看護師は中卒でも准看護師養成学校に入るなどして、免許をとることができる。正看護師のほうは高校を卒業していなければならないので、もし高卒資格がなければ、高等学校卒業程度認定試験に合格してから、看護学校へ入学することになる。

仕事内容としては、正看護師の指示のもとで准看護師が働くことになっているけど、仕事内容はほとんど変わらない。お給料は准看護師のほうがちょっとだけ低いけど、准看護師になった後に勉強をして正看護師の資格をとることも可能だ。

こうした学校には、経済的にこまっている家庭の人たちも多く通っている。たとえば次のような子がいる。

こはるさんの場合

こはるさんのお母さんはシングルマザーで生活保護を受けていた。中学三年の進路相談のとき、お母さんは担任の先生にこう言った。

「うちは生活保護を受けています。公立高校なら、国から学費を出してもらえるそうですが、ふつうの高校へ行っただけではちゃんとしたところに就職できるかどうか不安です。どうすればいいでしょうか」

担任の先生は言った。

「こはるさんは将来、看護師になりたいって言っていました。准看護師養成学校へ行ってみてはどうですか。卒業後に系列の病院につとめれば、入学金、学費が免除になるだけでなく、寮での生活費も出ます」

お母さんはこはるさんにどうしたいかたずねた。こはるさんは、家にお金の心配をさせたくなかったのと、すぐに看護師になれるのなら、准看護師養成学校へ行ったほうがいいと考えて、そうしたい、と答えた。

中学卒業後、こはるさんは准看護師養成学校へ進学。卒業と同時に資格をとり、病院で働くことになった。数年間、こはるさんは准看護師として働いたが、やがて正看

看護学生の進路

看護師になると、
そのほかの医療にかかわる資格をとることもできます

看護学校

↓ 卒業

- **進学**
  - 助産師学校 → **助産師**
    - 妊娠、出産、産後ケアなどの専門職
  - 保健師学校 → **保健師**
    - 保健所や保健センターで地域住民の健康を管理
  - **大学・大学院へ進学**
    - 専門看護師の資格取得も
- **看護師として就職**
  - 就職率は一般的に高いよ！求人も豊富

看護師だけでなく、いろいろな医療職をめざすこともできるよ。

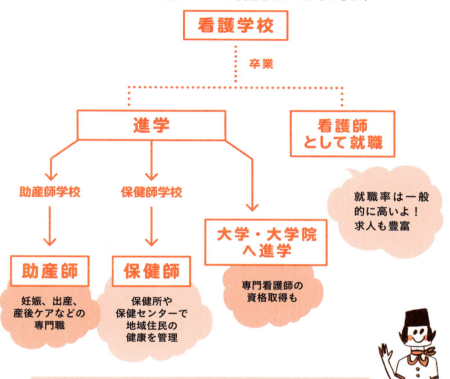

護師になりたいと思いはじめた。そのため、途中で看護学校に入り直して二年間勉強し、正看護師の資格をとった。

今、こはるさんは正看護師として働いている。

こはるさんの通っていた学校のように、入学金や授業料だけでなく、寮での生活費にくわえて、月々のおこづかいまでもらえる准看護師養成学校もある。それであれば、家に何一つ負担をかけることなく、一生役に立つ資格を手に入れられるんだ。

もしこうした学校に関心があれば、学校の先生にそのことを話して、自分が通える学校を探してもらえばいいと思う。家の近くになくても、寮があれば、学校のすぐそばで暮らしながら通えるはずだ。

企業内高等学校

先に紹介した学校の場合は、授業料や寮での生活費が奨学金として無料になるケースだ。しかし、高校の中には通っているだけで奨学金どころか、お給料をもらえ、企業への就職もできる学校があるのを知っているだろうか。

企業内高等学校がそれだ。

これは、企業がつくっている高校だ。この高校に入学すれば、通常の高校の勉強だけでなく、その企業で働くための技術を教えてもらえる。自動車会社であれば、車の構造、組立、営業方法なんかを学ぶんだ。

原則的に、高校を卒業した後は、その企業につとめることになる。その代わり、学費、寮の生活費だけでなく、「お給料」がしはらわれる。学校によってまちまちだが、数万円から十数万円のお給料が出ることもある。

そして高校卒業資格をとり、その企業に就職。ほかの新入社員より技術的には高いので、会社は君のことを大切にする。ふつうの高校を卒業して入学した人より、早く出世することも可能だ。

似たようなものだと、**陸上自衛隊高等工科学校**がある。これは陸上自衛隊の関連学校だ。ここでは通常の高校の勉強のほか、陸上自衛隊に必要な勉強や訓練が行われていて、寮での生活費が無料な上に、毎月それなりの手当がしはらわれる。そして、卒業後は陸上自衛隊に入ることができる。

ちゃんとおぼえておいてほしいのが、こうした学校は中での勉強はとても厳しいということだ。

企業にとっても、陸上自衛隊にとっても、若いうちから働くのに必要な知識を身につけてもらい、卒業後すぐに活躍してもらいたいと思っている。だからこそ、学費を無料にするばかりか、お給料まではらってくれるんだ。

逆に言えば、そうした期待にこたえなければならない。それだけの勉強をして、知識を身につけなければならないんだ。こうした学校に入るときは、本当に覚悟《かくご》を決めて、一生そこで働くつもりでいてほしい。

ちなみに、高校卒業資格はいらないけど、企業内高等学校のようにきちんとした技術を身につけて就職したいという人もいるだろう。

そういう人には、小さな会社でも住みこみで働きながら修業をできる会社もある。レストランの寮で生活しながら料理人の修業をしたり、伝統工芸品をつくる会社でお給料をもらいながら修業をしたり。いずれも、社員としてやとってもらいながら、寮を用意してもらい、お給料ももらうことができる。

女の子に人気なのは、**美容師**だろう。美容院の中には寮があり、そこで暮らして仕事をしながら、美容師としての資格を目指すことができるところもある。資格さえあれば、どの美容院でも働けるし、自分で美容院を開業することもできる。

どういう選択肢があるかは、学校の先生と相談してほしい。自治体がそういう会社をまとめて紹介しているケースもあれば、学校側に求人がきているケースもある。

もし学校の先生に相談ができなければ、次のところに問い合わせてほしい。君のような人の就職サポートをしてくれる機関だ。

▼わかものハローワーク（279ページ）
▼ジョブカフェ（279ページ）

中卒や高校中退で働くなら、身近なところでアルバイトをするより、将来を見すえてきちんとした技術を身につけて、正社員として働けるところがいい。そのためには、きちんとくわしい人に相談し、納得がいくまで話し合う必要がある。

ゆうせい君の場合

両親が二人とも病気をしていて、家がまずしかった。ゆうせい君は塾に通うことができず、勉強もあまりできなかった。中学三年になったとき、先生に工業高校か商業高校なら進学できるぞ、と言われたが、ゆうせい君は答えた。

「親に迷惑をかけたくないので就職します」

ゆうせい君はガードマンやコンビニのアルバイトをするという。先生は言った。

「アルバイトより、ちゃんとした仕事についたほうがいい。先生が探してあげる」

一カ月後、先生は中学を卒業してすぐに住みこみで働ける仕事をリストにして持ってきてくれた。料理人、伝統工芸の職人、庭師など、手に職をつけられるものばかりだった。給料は決して高くはなかったが、寮の生活費をはらってもらえるし、数年がんばれば一人前の職人になることができる。

全国の企業内学校

いろいろな企業内学校を集めてみたよ

通いながらお給料がもらえる学校

- トヨタ工業学園高等学園（愛知県豊田市）
- 日野工業高等部（東京都日野市）
  募集は中学校卒業見込みの者
- マツダ工業技術短期大学校（広島県安芸郡）
- 気象大学校（千葉県柏市）
  気象庁の幹部職員候補を養成
- 航空保安大学校（大阪府泉佐野市）
  航空機の管制技術官などを養成
- 海上保安大学校（広島県呉市）
  海上保安庁の幹部候補を養成
- 海上保安学校（京都府舞鶴市）
  海上保安庁の一般職員を養成
- 防衛大学校（神奈川県横須賀市）
  自衛隊の幹部自衛官候補を養成
- 防衛医科大学校（埼玉県所沢市）
  自衛隊で働く医師（医官）を養成

首都圏、近畿地方に多いけど、寮があるところが多いので、遠くに住んでいてもだいじょうぶ。

どの学校も10万円前後のお給料が支給されるよ。防衛大学校のように、国費で生活費（寮費や食費）がまかなわれる学校も！

ゆうせい君は、家具のインテリア職人の仕事を選んだ。寮で暮らして手当をもらいながら二年間修業をして、テーブルやイスをつくれる技術を身につける。それでテストに合格すれば、その会社の社員として就職させてもらえるのだ。

寮での生活や修業はとてもたいへんだった。でも、これを乗りこえれば、インテリア職人として一人前になれる。同級生がみんな高校生になって遊んでいる最中、ゆうせい君は必死になって勉強をした。

二年後、ゆうせい君は一番でテストに合格して、その会社に入れることになった。今、ゆうせい君は木材だけでなく、大理石をけずって家具をつくったりと、どんどん技術を身につけて、二十代前半でリーダーになってがんばっている。

仕事において、資格と技術はとても大切なものだ。もちろん、それがすべてではない。ただ、あれば選択肢が広がるのはたしかだし、それはいつか君にとって役立つはずだ。

そしてもう一つ。場合によっては、仕事を見つけても、うまくいかずにやめてしまうことがあるだろう。僕はそれでもかまわないと思う。人生にはうまくいかないことなんて山ほどある。

大切なのは、やめないことより、やめた後にまた新しいことに挑戦することだ。やめて終わりではなく、やめてまた新しいことをやってみる。このくり返しの中で、きっと君にしかできないことと出会えるはずだ。

挑戦を続けてほしい。

フリーターも悪くない

ここまで僕は、なるべく資格や技術を身につけ、きちんとした仕事についたほうがいいと言ってきた。

でも、絶対にそうしなければならないっていうことはない。なぜならば、僕自身が一度も資格をとったり、会社にちゃんと就職したりしたことがないからだ。幸運にも僕は大学まで行ったが、一度も会社員として働いたことがない。

なぜか。作家という仕事につきたかったからだ。

作家は会社員じゃない。

一般的には、新聞社や出版社につとめて十年、二十年と働いて経験とコネをつくってから会社をやめて作家になることが多い。

でも、僕はそうしたルートを行くのがイヤだった。大学を卒業してすぐに作家になって有名になりたいと思っていた。だから、就職をしないで、アルバイトみたいなことをしてお金をかせぎながら文章を書いていたんだ。

専業の作家となったのは、二十七、八歳のとき。だから、大学を卒業して数年間、僕はフリーターをしていたことになる。二十代の半ばでフリーターなんだから、まったくほめられたもんじゃないよね。いごこちが悪いったらありゃしない。

僕がここで言いたいことは、生きかたというのは、かならずしも一つじゃないってことなんだ。

はじめから職人を目指してもいいし、フリーターをやりながら、やりたいことを見つけてもいい。二十歳、三十歳になってから勉強をし直して、新しい道を進むのだってすばらしいことだ。

僕にはすごく印象に残っている二人の友人がいる。

まいさんの場合

まいさんの家は、お父さんがギャンブルにはまっていて家庭がこわれてしまっていた。まいさんは、そのせいで中学時代にグレてしまった。

不良の先輩たちとバイクを乗り回したり、違法ドラッグをやったり、ケンカをしたり。中学卒業後は、定時制高校へ進むも、まもなく中退してしまった。

非行を重ねて少年院に入ったのは、十六歳のときだった。一年間、少年院に入った後、まいさんは美容師になろうとがんばった。美容院で夜中まで働き、なんとか美容師の免許をとろうとした。

しかし、彼女は途中でやめてしまう。お給料が低かったのと、人間関係がうまくいかなかったのが原因だった。

その後、まいさんはクラブでホステスとして働く。夜の街での仕事はたいへんだったけど、そこそこのお金にはなった。結婚をして子どももできた。

だが、離婚をしたことで、また働かなければならなくなり、まいさんは夜の街にもどった。そのときは若くなかったし、子どもも二人いた。このまま夜の仕事を続けるわけにはいかない。

そんなとき、仲よくしていた人から「お金を出すから店をやってみないか」と言われた。

まいさんはその人のサポートで飲食店をはじめた。やがて、お店がうまくいくと、別の目標を見つけた。車が大好きだったので、自動車販売店をやりたいと思った。

それでまいさんは今度は別の友だちに手伝ってもらって、自動車販売店をオープンした。まいさんは四十歳くらいになって自分で本当にやりたいことを実現したのだ。

きみえさんの場合

きみえさんは、家族から虐待を受けて育った。お父さんはほとんど家に帰ってこず、

弟はきみえさんに毎日暴力をふるった。お母さんもそうだった。クラスメイトからも「ブス」と言われていじめられた。

——さびしい。だれかに愛されたい。

ずっとそんなふうに思って育った。

高校卒業後、きみえさんはアルバイトをするかたわらで、売春をはじめた。お客さんでもいいから優しくしてほしいと思うようになったのだ。お客さんからは「きれい」と言ってもらえるし、会いにきてもらえる。天職だと思った。

しかし、落とし穴が待っていた。きみえさんにお客さんとの子どもができてしまったのだ。泣く泣く、病院へ行って中絶手術を受けた。

きみえさんは、これからどう生きていけばいいかわからなかった。そのとき、友だちの一人がこう言った。

「何かやりたいことないの？」

きみえさんは答えた。

「保育園の先生になりたい」

子どもが好きだった。だから保育士になりたいと思ったのだ。

友達に応援され、きみえさんは自分で教科書を買ってきて、一から保育士になる勉強をした。地元でもっとも学力の低い高校を出ただけで、卒業後は勉強をした経験がほとんどなかった。でも、はげまされながら一生けんめいに勉強をした。

一年後、きみえさんはめでたく保育士の試験に合格した。

その後、きみえさんは結婚をして離婚をしたが、ひとりで生きていかなければならなくなったとき、保育士の資格が役に立った。友だちからこう言われたのだ。

「仕事にこまっているなら保育士になりなさいよ。資格だってあるんでしょ！」

三十代の終わりになって、きみえさんははじめて保育士になった。大きな保育園で、二十代の先生にまじって「新人先生」として活躍している。

きみえさんは言う。

「私は友だちにめぐまれている。こまったときにいろんなアドバイスをもらえたから、今好きな仕事ができている」


まいさん、きみえさんは子ども時代に家庭の問題をかかえて、おとなになってもくるしんできた。たしかに二人は遠回りはしたかもしれない。でも、三十代になって本当にやりたいことが見つかり、それを実現することができた。

じゃあ、彼女たちはなぜ、そんなふうに生きることができたんだろう。

二人に共通するのは、**まわりにいい友だちがいて、こまったときに助けてもらえた**という点だ。

まいさんは飲食店を出すときも、自動車販売店を出すときも、友だちが手伝ってくれた。きみえさんもこまったときに保育士の資格をとることをすすめてくれる友だちがいたし、仕事がなくなったときに保育士になりなさいよと言ってくれる友人がいた。

これは運じゃない。彼女たちはグレていた中学時代から、あるいはいじめられていた小学生時代から、**少しずついい友だちをつくり、こまったことを相談し、アドバイスに耳をかたむけるということをくり返してきた。**だから、おとなになっても、それができたんだ。

君たちもそれは同じだよ。

今、君たちはいろんな問題に向き合っているだろう。家庭のこと、学校のこと、体のこと、病気のこと、将来のこと……。

だれを信じていいかわからないかもしれないし、どうやってSOSを出せばいいのかわからないかもしれない。

でも、この本でそのやり方を書いてきた。それを少しでいいからためしてみてくれないだろうか。

長い人生には、いろんな困難が待ち受けている。二十歳になってからも、三十歳になってからも、四十歳になってからも、いろんなトラブルが君にふりかかってくるだろう。おとなになっていても、自分だけでは解決できないものもある。

そんなとき、問題を解決して前進できるかは、君がSOSを発信できるかどうかにかかっている。友だちをつくり、SOSを出し、問題を解決する。そのことを若いころからやっておけば、かならずおとなになっても同じことができるようになる。そうすれば、君のまわりには信頼できる仲間がたくさんできるし、こまったときには助けてもらえる。

こまっているときというのは、大きな孤独を感じるものだ。ひとりぼっちでだれも助けてくれないと考えてしまう。

でも、そうじゃない。この本で書いたように、世の中には君に手を差し伸べてくれる人はたくさんいる。

大切なのは、**君がその人たちを信頼し、自分のために、SOSを出せるかどうか**なんだ。

僕は君に少しでもすばらしい人生を生きてもらいたいと思う。だからこそ、少しの不安、少しの孤独を乗りこえて、一歩をふみ出してほしい。

僕は、君の人生に光が差すことを心から願っているから。

message 10
中学校・高校教諭
中村佐知衣

進路になやむ君たちへ

中学生になるとたんに「進路」という言葉をよく聞くようになって、「進路学習」「進路説明会」「進路決定に向けて」など、進路進路進路とせかされる。みんな急に将来を突きつけられて、「もう決めなきゃいけないのか」「猶予もないのか」と不安におそわれると思う。

私も担任しているクラスでは「進路のことを真剣に考えなさい」と話し、一年生では「この中学三年間で今後の進路が決まる」、三年生の夏休み前なんて「この夏で進路が決まると思って勉強しなさい」とおどしてきた。けれど卒業するときにこう言う。「全部嘘です。ごめんね。発破《はっぱ》をかけただけ。このたった三年間で今後の生涯が決まるはずがない。そんなことあり得ない」。みんな、「ええっ!?」という顔をするけど、卒業のときにはそう言うことに決めている。「進路」って言葉は固い！

カチコチだよ。まるで「進学」「就職」の二択＝「進路」みたいに感じられるけど、実は「進路」って「生きる道のり」のこと、「生きかた」のことだから。この先の長い生きかたがたった三年や六年の中高生活で決まるはずがないの！

学力はまあまあるけど経済的に苦しいという子には看護学校や防衛大学校なんかの勉強しながら生きる道がある。けれど、勉強はできないしきらい、お金もない、という子は？

私の知るそんな男の子の一人は、寿司職人の見習いになった（中学校のときはひっそり教室に座ってる子だった。お母さんがなかなか家に帰らず、きょうだいだけで生活してるようなもので、服は汚れ生活リズムは乱れて朝起きられず、いつも二時間目や三時間目に学校に来た。でもかならず来た。給食があるから。そして給食じゃんけんは強くて、欠席者のパンやデザートをよくゲットしてクラスの羨望《せんぼう》をあびていた）。今は福岡で寿司を握っている。

Facebookには笑顔のかわいい彼女と写った写真、たまに私にも連絡をくれる。そんなときは本当にうれしい。私は人生で最後の担任となったのだけど、決して彼の生きかたをつくる力はなかった。できたことといえばいっしょに考えたこと、卒業後もメールで相談してくる彼と日常のなやみを分かち合ったこと、話を聞いたこと。生きかたをつくったのは彼で、今も彼の「進路」は続いている。

中学高校の卒業はただの年齢の区切りであって、決定ではない。一生涯かけて、あーでもない、こーでもないとなやんで生きればいいのだ。こんなことを言ってはなんだけど、その仕事がいやならその学校がいやならやめてもいい。よくなやんでからにしてほしいけど。「生きる」「それでも生きていく」それが「進路」と私は思ってる。小中高って実はとても過酷な世界だと思うんだ。横並びに並んで、前に前に進まされ、ほかとちがうことを許されず、その学年に遅れることを許されない。ただ単に同じくらいの年に生まれたっていうだけで、成長のしかたはみんなそれぞれにちがうのにね。学校という世界が苦しかった子もたくさんいると思う。

卒業という区切り。ここからはホッとゆるめて自分のテンポで生きればいい。仕事を決めることだけが進路じゃない。生きたいと思う場所、ここなら好きだと思う場所を見つけていくこと、そんな人に出会うこと、趣味でもモノでも仕事でも。これから先、どうしても生きにくいときには、場所を変えてしまえ。そのとき少しでもお金がたまってるなら、自分の生きていたい場所を探してその場を離れるのもアリ、それはもしかしたら海外かもしれないよ。そうしたら学校生活なんてホントにせまい世界だったな、って思うだろうね。

かくいう私は高校では友だちとのケンカでクラスにいづらくなって二カ

月学校を休んだ。そして教師になるまでは何度も試験を受けて心が折れそうになって、試験当日に逃亡したこともある。そしてやっと教師になったけど、これまた家庭でいろいろとあって心が折れそうになって今度は海外に逃亡した。青年海外協力隊っていうんだけど、それで二年間タイへ行った。「もう無理！」と思って最終的に日本から逃げたら、あれ？　なんで今、自分がいるところだけが世界のすべてだと思いつめてたんだろう、って思ったよ。

同級生たちの生きかたにそろえなくていい。ただ、どんなに生きかたを変えて、たとえば場所を変えて、仕事を変えたとしても、信頼できる人を見つけたらその人だけは絶対に離さないこと。大事な分かれ道や自分だけでは決められないとき、信頼できるよきアドバイザーの言葉に耳をかたむけて、ただただ生きていってほしい。

profile

中村佐知衣
Sachie NAKAMURA

中学校・高校教諭。専門は国語。障害者支援。2002年に教職に就き、2010年より自閉症支援のため2年間タイ王国へ。発達障害・自閉症支援にかんする活動を行っている。

いろいろな仕事を探すなら？

厚生労働省の「わかものハローワーク」、各都道府県で設置する「ジョブカフェ」は、どちらも若者の就職サポートをしているよ

わかものハローワーク

https://www.mhlw.go.jp/stf/seisakunitsuite/bunya/0000191617.html

POINT

正社員をめざす若者（おおむね45歳以下）を支援。
地元企業はもちろん、全国の求人も探せる。

わかものハローワークでは、就職支援ナビゲーターが支援サービスを行っているよ。セミナーなどを開催しているところも多いよ。

ジョブカフェ

https://www.meti.go.jp/policy/jobcafe/jobcafe_all.html

POINT

各都道府県が設置しているので、地域のニーズに合わせた取組みがされている。

原則として15歳から34歳までの人が対象だよ。中卒だから……とあきらめている人や、職歴が空白の人など、個々の事情に応じた相談にのってくれるよ。

美に関係する仕事

PROFESSION-15

美容師、ヘア＆メイク、ネイリストなど、美容関係の仕事も、実は進みやすい進路です。美容師の場合は専門学校へ行き、国家試験を受けるケースが多いですが、中卒からの進学が可能な学校も。ヘア＆メイクやネイリストは専門学校もありますが、アシスタントとして弟子入りして経験を積むことも可能です。ネイリストは最初からフリーで活動する人も。センスがモノを言う世界だけに、学歴にとらわれない挑戦も可能なところが魅力です。

自衛官

PROFESSION-16

防衛大学校に入る以外では、ふつうの高校や大学を卒業して「一般曹候補生」「自衛官候補生」「幹部候補生」の試験を受ける方法もあります。また中学校卒業後に、高等工科学校という陸上自衛隊の高等学校に進学する方法もあります。仕事は「日本を守る」こと。ハードな訓練を重ねるため体力は必要です。

保育士

PROFESSION-17

保育士の資格が必要ですが、大学、短大、専門学校などの保育士養成施設のカリキュラムを修了する方法と、保育士試験を受験して合格する方法の二つがあります。保育士試験を受験して保育士を目指す場合は、夜間学校や通信教育などを使う方法もあり、昼間別の仕事をしていたり、学校が苦手でも努力できる人なら門戸が開かれています。

message 11

ブックデザイナー
（この本をデザインした人）

白畠かおり

「好きなこと」を探しにいこう

私はブックデザイン（本の表紙をつくったり、中身の文字の大きさ・配置など、本全体のデザインを決めること）を仕事として生活しています。会社には所属せず、個人で仕事を受ける、フリーランスという形態で働いています。専門的な仕事なので、よく、「どこでデザインを勉強されたのですか？」と聞かれることがありますが、実は、私はきちんとしたデザインの勉強をしたことがありません。

ブックデザイナーになるには、一般的には美術系の大学や専門学校を経てデザイン事務所に入るか、すでにデザインの仕事をしている人のアシスタントなどで経験を積んでから独立します。でも、私の場合はそういった専門的なところには通わないまま独立し、ブックデザイナーとして、日々いろいろな本の制作にかかわっています。

子どものころからマンガや本を読むことが好きで、本にかかわる仕事をしたいと漠然と思っていました。でも、十代のころはまだ、ブックデザインという仕事についての知識がなかったので、本の仕事＝編集者という発想しかありませんでした。十代後半だった私は、高校を中退してフリーターをしていたため、学歴も教養もない今の状態では、編集者になることは難しいだろうな……と思い、出版社に入社することはあきらめていました。そんなときに、たまたまブックデザインを仕事にしている人と知り合う機会があり、本の世界にも「デザイナー」という仕事があることを知りました。

作家をはじめ、いろいろな人とやりとりをしながら作業を進めていく編集者とちがって、デザイナーはひとりで机に向かって考えながら、その本にぴったり合うデザインを生み出します。たくさんの人と接する仕事よりも、そういう作業のほうが自分に向いていると思ったこともあって、興味がわきました。その後、知り合いの紹介で、デザイナーの補助のアルバイトとして出版社に入り、働きながら少しずつ仕事をおぼえていきました。

私は高校を二年生の半ばでやめています。もともと勉強が好きではありませんでしたが、高校生になると、ますます学校の授業についていけなくなり、おまけに友だちも少なかった私は、早く家を出て働いて、自分のお金で生活をしたい、という気持ちが強くなりました。うちが母子家庭で、家計が楽ではなかったという環境もあって、苦手な勉強を続けるために学校に通うよりも、早く社会に出て働いたほうが効率がよいと考えたのです。

学校をさぼってばかりいた高校時代、アルバイト先や当時好きだった音楽のコンサートなどで、学校の外のおとなに触れるうち、世の中にはいろんな人がいて、たくさんの知らない世界があるんだ！　と、思うようになったのも大きかったです。


学校に通っている期間は人生のうちのほんの一時期です。そこで得られるものももちろんたくさんありますが、選択肢は一つしかないわけではありません。

もし、何かの理由で、朝起きるのがつらくなるほど学校へ行きたくないと思うなら、そこにこだわるよりも、行かないという選択肢を前向きに考えてみてもいいと、私は思っています。

学校を飛び出して、もっとやりたいことや、興味のあることを教えてくれるところで修業するのもいいし、好きなことがまだ見つかっていなくても、私のようにアルバイトをしながら、それを探すのもいいかもしれません。また、好きなことに限らず、自分で働いてお金をもらうことは、大きな喜びでもあります。

ブックデザインという仕事は、絵を描くことや文章を書くことのようにわかりやすくないので、知らない人も多いと思いますが（実際にイラストを描く人と誤解されていて、説明が必要なこともよくあります）、学歴が必要のない仕事の一つです。

私が、本にかかわる仕事がしたい！　というところから、未知の「ブックデザイン」という仕事と出会ったように、一つの物をつくるのにも様々なかかわりかたがあります。企画を考える人、文章を書く人、挿《さ》し絵を描く人、写真を撮る人、それを印刷する人から、さらにその紙をつくる人まで……。本にかかわる仕事だけでも、本当にたくさんの職種があります。今読んでいるこの「文字」にだって、専門のデザイナーがいるんです。

もし、好きなことであきらめかけていることがあったら、少し角度を変えて、そのまわりを見わたしてみると、何か新しい発見があるかもしれませんよ。

message 12

編集者（この本を企画し、みんなにお願いしてつくってもらった人）

山田聖子

どうしたらいいかわからなかった私から、どうしたらいいかわからない君へ

私はこの本を企画した編集者です。

十代の私は、まさにタイトル通りの「どうしたらいいかわからない」子どもでした。

というのも、わが家は父が愛人をつくって別居し、母がひとりで私と弟を育てていました。当然、母は不機嫌で、金銭的にも余裕がありませんでした。働きながら育ててくれた母に（別居しながらも生活費を出してくれた父にも）感謝してはいますが、当時は「どうしてお父さんは家に帰ってこないんだろう」「どうしてお母さんはいつも怒っているんだろう」という気持ちや、「私が悪い子だからお父さんに捨てられたのかもしれない」「お母さんにも捨てられるかもしれない」という不安をかかえていました。

そんなことがあって人間不信気味だったうえに、今でいう発達障害傾向がある人間なので学校では浮いていて、いじめられ、不登校になった時期もあります。でも、家にも居場所はありません。

当時の私は、「家族とも友だちともうまくいかない自分には価値がない」「自分が悪い」という思いでいっぱいでした。同時に、でも「どうしたらいいのかわからない」と、とほうにくれていました。

そんな子ども時代の私のような思いをしている人たちに、「人生はなんとかなる」「こまりごとを解決する方法はある」と伝えたいと思ったのが、この本を企画したきっかけです。


ちなみに私は大学生になってから、先生やカウンセラーや友だちに、「こんなことがあった」「このことがつらかった」と話せるようになりました。そうすることで、先生や先輩が「実家から離れたら?」「そのためには奨学金で大学院に行ったら?」とすすめてくれたり、「落ち着きはないけど集中力があるし、本が好きだから編集者に向いているかも」とアルバイト先を紹介したりしてくれました。

今でも人と深くつきあうのは苦手ですし、人間関係には問題があります。子ども時代の傷とは一生つきあうんだなと、つくづく感じます。

それでも大学時代に人に話し、助けてほしいとうったえたことで、「赤の他人でも、私を心配してくれる人はいる」と実感できました。SOSを発すれば届くと知ったことは、今の私にとってプラスになっています。

この本には、学校の先生、スクールソーシャルワーカー、NPOの人、児童養護施設の職員さんなど、多くの方にご協力をいただきました。登場するおとなたちはみんな、真剣にSOSを受け止めようとしています。あなたのまわりにも、助けたいと思っているおとなはかならずいます。

だからもしこまっているなら、本で紹介した相談窓口やまわりのおとなに、自分の気持ちを伝えてほしいと思っています。

とはいえ、当時の私は「自分の我慢が足りないんだ」「いろいろなことをもっと我慢すべきなんだ」と思っていました。この本を読んでくれているあなたもそう思って、だれにも相談できずにいるかもしれません。

でも、おとなになってみてわかったのですが、我慢する必要はありません。子どもは生きているだけですばらしい、可能性のかたまりです。そしてまわりのおとなは、本当は子どもを守るためにいるはずなんです。

あなたは守られていい、助けられていい存在です。だから我慢せず、勇気を出して「助けてほしい」とサインを出してください。私がそうだったように、味方を増やしていくことで、人生はだんだんよくなります。

この本を読んでくれているあなたの人生がこれからどんどん生きやすく、よいものになるよう、かげながら応援しています。

この本を読んでくれた君へ

長い間、この本を読んでくれてありがとう。

もうおわかりだと思うけど、本書に登場するおとなたちは、みんな一度は「どうしたらいいかわからない」子どもだった人びとだ。

編集者、デザイナー、NPOスタッフ、学校の先生、それに僕。

みんな君と同じくらいの年齢のときにとほうに暮れ、道を見失いかけていた。

それでも、出会った多くの人たちに少しずつ背を押してもらって前に進み、社会人として生きている。

そんな経験がある人たちが、今まさに人生の節目でたたずんでいる君に手を差し伸べたいと思ってつくったのが、この本だ。

世の中は捨てたもんじゃない。こんなにたくさんの人が君を支えてくれるし、ちがう生き方だってある。

そんなエールを伝えたかったんだ。

これを読んだ君は、これからどう生きていくのだろう。

十年か、二十年経って、君が僕たちと同じように社会人になったとき、今の気持ちをふと思い出して、若い人に手を差し伸べてくれたらうれしい。

人から人へエールを伝えられれば、きっと君の人生も、社会も、より豊かなものになるはずだ。

石井光太

石井光太（いしい　こうた）
1977年、東京生まれ。『物乞う仏陀』でデビューし、国内外を舞台としたノンフィクションを精力的に発表。『レンタルチャイルド』『浮浪児1945-』『「鬼畜」の家』『43回の殺意』『漂流児童』など、子どもの問題を扱った作品も多い。児童書に『ぼくたちはなぜ、学校へ行くのか。』『みんなのチャンス』『幸せとまずしさの教室』『君が世界を変えるなら（シリーズ）』などがある。他に小説など著書多数。

どうしたらいいかわからない君《きみ》のための
人生《じんせい》の歩《ある》きかた図鑑《ずかん》

2019年6月10日　初版発行
2021年5月10日　第2刷発行

著　者　石井光太
発行者　杉本淳一

発行所　株式会社日本実業出版社　東京都新宿区市谷本村町3-29 〒162-0845
大阪市北区西天満6-8-1 〒530-0047
編集部　☎03-3268-5651
営業部　☎03-3268-5161　振　替　00170-1-25349
https://www.njg.co.jp/

印刷／厚徳社　製本／若林製本

この本の内容についてのお問合せは、書面かFAX（03-3268-0832）にてお願い致します。
落丁・乱丁本は、送料小社負担にて、お取り替え致します。

ISBN 978-4-534-05696-2　Printed in JAPAN